Lj 9 549

Rouen
1881

Deville, A.

Tombeaux de la cathédrale de Rouen

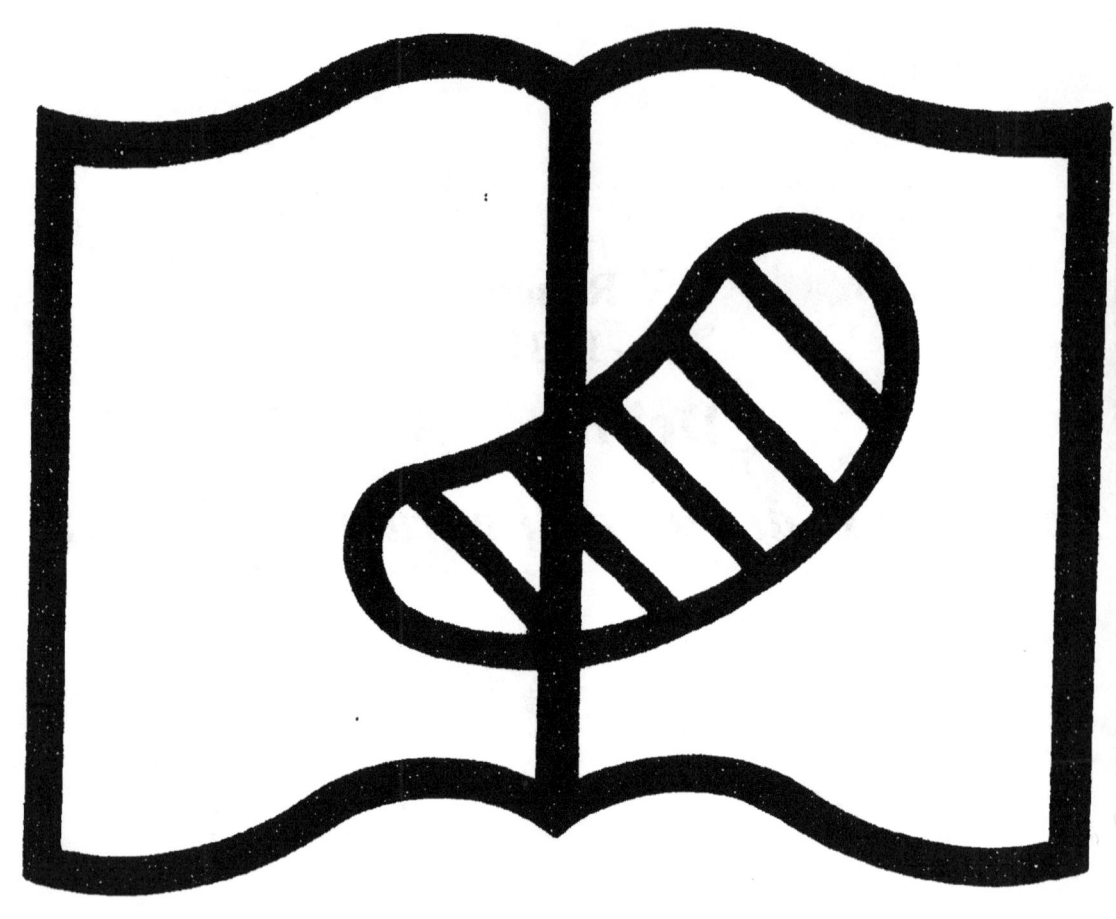

Symbole applicable
pour tout, ou partie
des documents microfilmés

Original illisible

NF Z 43-120-10

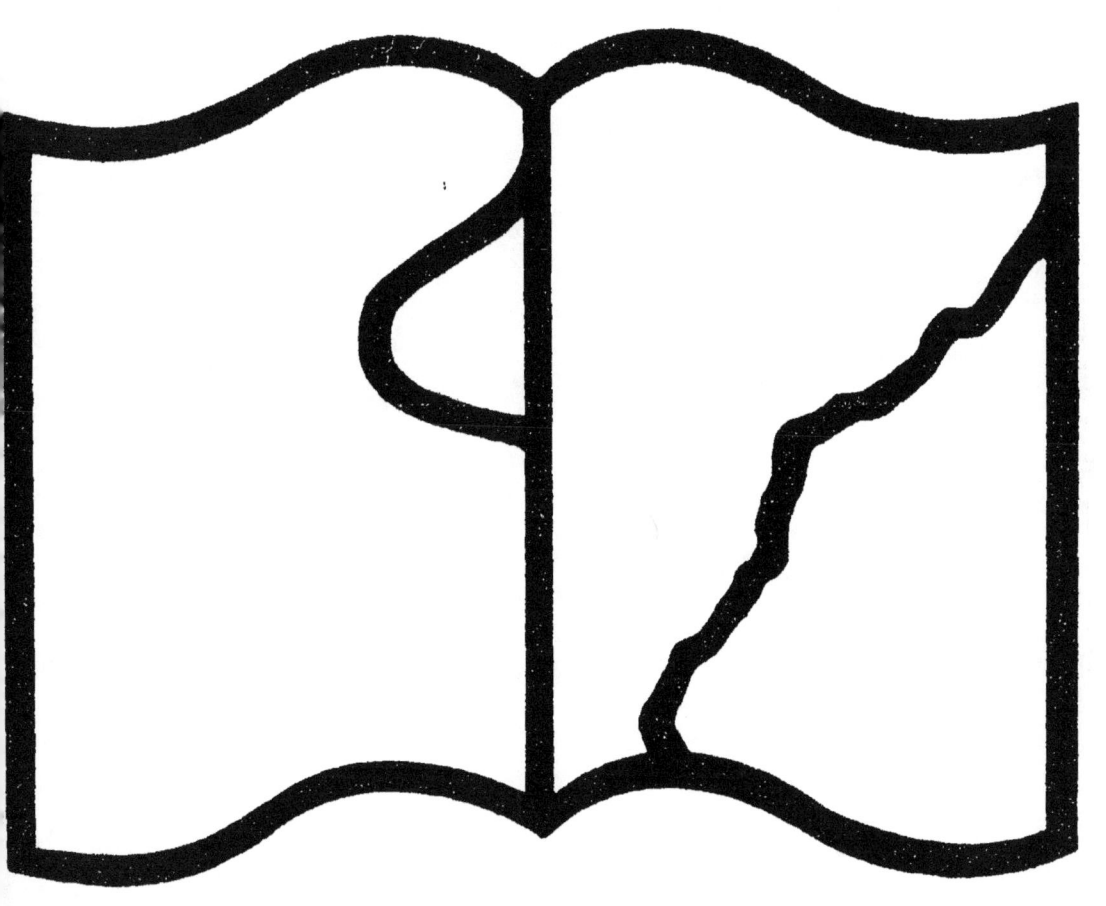

**Symbole applicable
pour tout, ou partie
des documents microfilmés**

Texte détérioré — reliure défectueuse

NF Z 43-120-11

Lj⁹ 549

Tombeaux

DE LA

CATHÉDRALE DE ROUEN.

PLAN DE LA CATHÉDRALE DE ROUEN.

Renvois de la Planche.

Chapelles.

- *a.* De la Vierge.
- *b.* De la sacristie ou du revestiaire, et de Saint-Barthélemy.
- *c.* De Saint-Étienne ou du Saint-Esprit.
- *d.* Du grand Saint-Romain.
- *e.* De la Sainte-Trinité ou du Jardin.
- *f.* Du petit Saint-Romain.
- *g.* De Saint-Fiacre ou de Sainte-Marguerite.
- *h.* De Sainte-Catherine.
- *i.* Des Innocents ou de Sainte-Colombe.
- *j.* De Saint-Pierre.
- *k.* De Saint-Léonard.
- *l.* De Saint-Firmin.
- *m.* De S.-Étienne-la-Grande-Église.
- *n.* De Saint-Mellon.
- *o.* De Sainte-Agathe.
- *p.* De Sainte-Marie-Madelaine ou de Saint-Gilles.
- *q.* De Saint-Sever.
- *r.* De Saint-Julien.
- *s.* De Saint-Eloi (servant de passage.)
- *t.* De Saint-Nicolas.
- *u.* De Sainte-Anne.
- *v.* Autel de Saint-Sever.
- *x.* Chapelle de S.-Jean des fonts.
- *y.* De Saint-Pierre Saint-Paul.
- *z.* Autel de Sainte-Cécile.
- *&* Autel du Vœu.

Tombeaux.

1. De Rollon.
2. De Guillaume-Longue-Épée.
3. De l'archevêque Maurice.
4. De Pierre de Brézé.
5. De Georges d'Amboise.
6. De Louis de Brézé.
7. D'Inguerran d'Étrépagny.
8. De Richard-Cœur-de-Lion.
9. De Henri-le-Jeune.
10. Du duc de Bedford.
11. De Charles V.
12. Du cardinal d'Estouteville.
13. De l'archevêque Maurile.
14. D'Étienne de Sens.
15. De Turgis, Tallebot et Le Brasseur.

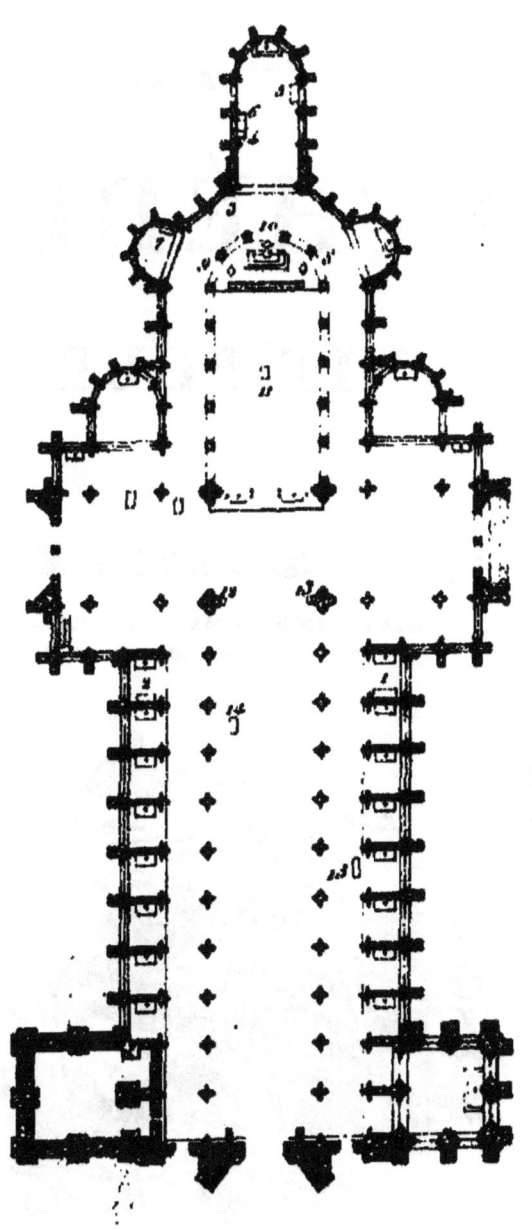

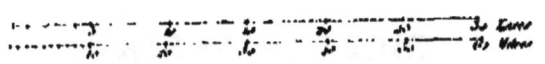

Plan de la Cathédrale de Rouen.

TOMBEAUX

DE LA

CATHÉDRALE

DE ROUEN,

PAR

A. DEVILLE,

MEMBRE DES SOCIÉTÉS DES ANTIQUAIRES DE NORMANDIE,
DE FRANCE, DE LONDRES ET D'ÉCOSSE.

ROUEN,

NICÉTAS PERIAUX, ÉDITEUR,

RUE DE LA VICOMTÉ, N° 65.

1833.

AVANT-PROPOS.

Avant-Propos.

La Cathédrale de Rouen, ainsi que toutes les basiliques anciennes, et surtout celles qui avaient l'avantage d'appartenir à des métropoles, renfermait un grand nombre de tombeaux. Trois rois, plusieurs membres de la famille ducale normande, des cardinaux, dix-sept archevêques, y avaient reçu la sépulture. La vanité, la piété ou la reconnaissance s'étaient plu à leur élever de pompeux mausolées. Dans une seule de ses chapelles on en comptait jusqu'à huit, tous chargés de sculptures et de statues, et dont quelques-uns passaient pour des chefs-d'œuvre de l'art.

De ces nombreux tombeaux, six seulement sont parvenus jusqu'à nous. Ce sont, en suivant l'ordre des sépultures, ceux de notre premier duc Rollon, de Guillaume-Longue-Épée son fils, de Maurice, archevêque de Rouen sous Saint-Louis, de Pierre de Brézé, grand sénéchal de Normandie, de Georges d'Amboise, et de Louis de Brézé, mari de Diane de Poitiers.

Malgré les pertes qu'elle a éprouvées, la Cathédrale de Rouen est peut-être encore une des églises de France les plus riches en monuments de ce genre. Plus heureuse que la plupart d'entre elles, grâce à la sagesse et au patriotisme éclairé des habitants de la ville dont elle fait l'ornement, elle put sauver, en 1793, du pic destructeur, ceux de ces tombeaux que d'autres mains non moins fanatiques ou le temps avaient laissés debout. Chose qu'on aura peine à croire, les Calvinistes, maîtres un moment de la Normandie, dans le xvie siècle, commirent plus de ravages dans la Cathédrale de Rouen que les niveleurs de 1793. Pour arracher ses tombeaux à ces derniers, il suffit de masquer sous quelques poignées de plâtre les signes et les images qui blessaient leurs idées d'égalité; mais les premiers ne se contentèrent pas à si peu de frais : statues, tombeaux, s'écroulèrent de toutes parts sous les mains de leur soldatesque; rien ne fut respecté[1]. Mais une victoire plus facile encore, une plus riche proie les attendaient : leur attention, détournée par le bris et le pillage des vases sacrés de la Cathédrale,

---

[1] « Après avoir brisé les statues des tombeaux et les tombeaux eux-mêmes, ils levèrent, dit l'historien de la Cathédrale, toutes les tombes de cuivre et autres monuments qui étoient dans l'église pour y trouver des trésors. Ils enlevèrent jusqu'à des pièces de cuivre qui servoient d'ornement à plusieurs tombes et sépultures. »

des reliquaires, des châsses d'or et d'argent, oublia quelques-uns de ses monuments tumulaires. Un zèle stupide, aussi funeste qu'avait été leur furie, acheva en partie ce qu'ils avaient commencé. A plusieurs reprises, l'ancien clergé de la Cathédrale, sans respect pour la mémoire et pour la cendre de ses bienfaiteurs, dans le but de dégager, ou, disait-il, d'embellir son église, renversa les plus célèbres et les plus précieux de ces mausolées. C'est ainsi que disparurent les tombeaux de l'archevêque Maurile, de Richard-Cœur-de-Lion, de Henri-le-Jeune son frère, ceux de Charles V et du duc de Bedford; perte à jamais déplorable, et dont rien aujourd'hui ne saurait consoler l'ami des arts !

Un grand nombre de simples pierres tumulaires, remarquables, soit par les dessins dont elles étaient couvertes, soit par les personnages dont elles rappelaient le souvenir, n'échappèrent pas à cette manie funeste de restauration et de rajeunissement. Sans cesse déplacées, souvent mutilées, à peine quelques-unes laissent-elles encore apercevoir l'image et le nom de ceux auxquels elles furent consacrées, et indiquent-elles la place où fut déposée leur dépouille.

Plus d'une fois, au milieu de tant de cendres éteintes, occupé à contempler les tombeaux échappés à ces arrêts de proscription et de vandalisme, et me reportant par la pensée vers ceux qui en avaient été frappés et dont nous ne possédons pas même aujourd'hui l'image, j'avais éprouvé un saisissement involontaire en songeant que le même sort pouvait attendre ces précieux monuments. La volonté des hommes, me disais-je, le temps, mille accidents divers, ne peuvent-ils pas amener, même instantanément, leur destruction[1] ? Ces réflexions firent naître

---

[1] C'est ainsi que, en 1822, l'incendie qui consuma la flèche de la Cathédrale, en se propageant avec une effrayante rapidité dans les combles de l'église, fit craindre un moment pour

en moi la résolution de les décrire, d'en tracer l'histoire, de m'efforcer enfin, autant qu'il était en moi, de perpétuer leur souvenir. Quelque instante que fût cette pensée, j'hésitai quelque temps, je l'avoue, à la mettre à exécution, arrêté que j'étais par la pénurie de documents, effrayé des difficultés de la tâche. Enfin, l'aide que s'offrit de prêter à ma plume et à mon faible crayon la main d'un de nos artistes les plus habiles dans l'étude de nos anciens monuments religieux[1], m'enhardit à donner suite à mon projet. Je me persuadai que, grâce à son burin, ma tâche serait à moitié remplie :

Segniùs irritant animos demissa per aurem
Quàm quæ sunt oculis subjecta fidelibus,

a dit le législateur du Parnasse.

---

les tombeaux de Pierre et de Louis de Brézé, et pour celui de Georges d'Amboise.

[1] M. E.-H. LANGLOIS, que mademoiselle Espérance LANGLOIS, si digne de marcher sur les traces de son père, a bien voulu seconder dans son travail.

AVANT-PROPOS.

La découverte de quelques documents d'un intérêt marqué, due à l'exploration des anciennes archives de la Cathédrale, en rendant mon travail moins ingrat et moins difficile, vint encore m'encourager. Pour ne signaler ici que le plus important de ces documents, je citerai celui qui est relatif au tombeau de Georges d'Amboise. On ignorait jusqu'à ce jour le nom de l'architecte qui éleva ce mausolée justement célèbre et celui des artistes qui concoururent à sa décoration. Muette à cet égard, à peine si la tradition pouvait indiquer l'époque précise et les circonstances de son érection. Les comptes manuscrits des cardinaux d'Amboise, que j'ai découverts dans nos archives, me révélèrent ces noms, et jusques aux détails les plus circonstanciés. Heureux de pouvoir remplir une lacune, objet de regrets si souvent répétés, j'ai consigné religieusement ces intéressants résultats. On verra, dans le cours de l'ouvrage, que c'est à un architecte rouennais qu'on doit ce beau monument, et qu'il put trouver dans sa ville natale des artistes en état de l'exécuter sous ses yeux. Ce fait, ajouté à tant d'autres, achèverait de prouver, s'il était nécessaire, combien est erronée l'opinion de ceux qui veulent que tout ce qui parut de remarquable en France vers cette époque, soit dû à des mains italiennes. Sans parler de cette foule d'artistes nationaux dont les noms ont été emportés par le temps ou qui dorment dans la poussière de nos archives et de nos bibliothèques, que de noms, au besoin, attesteraient avec quel succès les arts étaient alors cultivés par des mains françaises ! Eh ! n'avons-nous pas nos Philibert Delorme, nos Pierre Lescot, nos Jean Cousin, nos Germain Pilon, nos Palissy, nos Pierre Bontems, nos Jean Goujon, et tant d'autres, dont la liste seule remplirait ces pages !

Après avoir décrit les six tombeaux qui font l'objet principal de cet ouvrage, et que nous avons passés en revue dans l'ordre chronologique, commençant par celui de Rollon mort dans le xe siècle, et finissant à Louis de Brézé mort dans le xvie, nous avons jeté un coup-d'œil sur les pierres tumulaires qui sont disséminées dans les différentes parties de l'église, et qui, soit par leur ancienneté, soit par leurs épitaphes, soit par le caractère de leurs dessins, nous ont paru dignes d'attention. Cette portion de notre travail formera un chapitre séparé, sous le titre de *Tombes et Inscriptions diverses*. C'est là que nous placerons tout ce qui se rattache aux tombeaux, aujourd'hui détruits, de Richard-Cœur-de-Lion, de Henri-le-Jeune, de Charles V, etc.

Désirant ne rien omettre de ce qui est relatif aux sépultures de l'église métropolitaine de Rouen, nous avons réuni, dans un dernier chapitre, en suivant l'ordre chronologique, comme nous l'avons fait pour la première partie de l'ouvrage, les noms des principaux personnages qu'on sait avoir reçu la sépulture dans cette basilique. Chaque nom est accompagné d'une courte note biographique ou descriptive. Bien que cette liste contienne un grand nombre de noms qui ont échappé aux annalistes rouennais, et que nous avons relevés, soit sur les obituaires et les registres capitulaires de la Cathédrale, soit d'après les testaments originaux des décédés, soit enfin sur les pierres tumulaires elles-mêmes, on sent combien elle doit être incomplète. En effet, parmi cette foule d'hommes puissants, de dignitaires, archevêques, doyens, archidiacres, chanoines, etc.[1], qui tous aspiraient à obtenir une place pour leurs restes dans le lieu saint, que de cendres, dans l'espace de six à sept cents ans, descendues et oubliées sous le pavé de ce vaste temple !

La dernière personne qui ait reçu la sépulture dans la Cathédrale de Rouen, est le

---

[1] On cite, comme ayant fait partie de ces derniers, dans le XIVᵉ siècle, un Italien portant le nom de Napoléon. Ce singulier rapprochement de nom et d'origine ne laisse pas d'avoir quelque chose de piquant.

cardinal Cambacérès, mort en 1818. On fit pour lui une exception au décret du 12 juin 1804, qui interdisait l'inhumation dans les églises. Le premier corps qu'on suppose y avoir été placé est celui de saint Evode, mort dans le vi⁰ siècle [1]. Ainsi, deux archevêques ouvrent et ferment cette longue liste funéraire.

Les lois romaines défendaient d'ensevelir les morts, non-seulement dans les temples, mais même dans l'enceinte des villes, « *in urbe ne sepelito* ». Cette prohibition, adoptée par l'église, se maintint en vigueur en Occident jusques dans le vi⁰ siècle [2]. Aussi voyons-nous nos premiers évêques, saint Mellon, saint

---

[1] Le corps de saint Evode ne fut qu'exposé dans la Cathédrale. Il en fut de même de ceux de Rainfroy et de saint Remi, morts dans le viii⁰ siècle, et tous deux archevêques de Rouen. Ils n'y furent point enterrés, quoi qu'en aient dit quelques annalistes.

[2] « *Firmissimum hoc privilegium usque nunc retinent civitates, ut nullo modo intra ambitum murorum, cujuslibet defuncti corpus humetur* », dit le Concile de Brague, tenu en 563.

Avitien, saint Godard, et même saint Romain qui vivait au commencement du viie siècle, recevoir la sépulture hors des murs de Rouen[1]. Ce ne fut que successivement, et par exceptions, qu'on dérogea à cet usage. De saints personnages avaient été enterrés en dehors de l'enceinte urbaine. Pour garantir leurs cendres, ou par vénération pour leur mémoire, on éleva des chapelles au-dessus de leurs sépulcres. Les fidèles se portant en foule à ces édifices, dans lesquels on célébrait les saints mystères, on sentit la nécessité de les agrandir : on en fit des églises. Ainsi se trouvèrent, pour ainsi dire, annulés les sacrés canons. De là à rentrer dans l'enceinte des villes il n'y avait qu'un pas ; il fut franchi. N'osant d'abord inhumer dans les temples *intrà muros*, on y

---

[1] Les deux premiers, suivant l'usage antique, furent enterrés le long de la voie publique, qui était l'ancienne voie romaine. Cet usage s'était également conservé dans les Gaules. C'est ainsi que Grégoire de Tours nous apprend qu'un évêque de Clermont fut inhumé, *in cryptâ juxtà aggerem publicum*. Il dit la même chose de saint Servais, évêque de Tongres. (*L.* ii, *cap.* 39 et 5.)

transporta les corps des personnages canonisés, enfermés dans des châsses; on les déposa dans des cryptes; plus tard on les exposa à la vénération des fidèles, placés sur des autels, puis sur des cénotaphes, puis enfin dans les cénotaphes eux-mêmes.

Des saints personnages à ceux qui étaient appelés à le devenir, aux ecclésiastiques enfin, la transition était facile; elle eut lieu. Mais on ne permit d'abord que l'approche des églises. Les corps des évêques, des abbés, des moines et des chanoines furent inhumés dans l'aître, « *atrium* », puis sous le portique de la basilique [1]. Les plus vénérés et les plus élevés en dignité étaient placés le plus près de la porte d'entrée. Le désir de pénétrer dans le lieu saint, favorisé par l'encombrement des abords des temples, ne tarda pas à en ouvrir les portes. Bede raconte que, à l'exemple

---

[1] « *Prohibendum, secundùm majorum instituta, ut in ec-« clesiâ nullatenùs sepeliantur, sed in atrio, aut in porticu, « aut extrà ecclesiam.* » (Concile de Nantes.)

de saint Augustin, les archevêques de Cantorbery ses successeurs, furent enterrés dans le portique de l'église, excepté deux d'entre eux, dit-il, qui, n'ayant pu y trouver place, furent introduits dans l'église elle-même [1]. Les basiliques devaient être bientôt envahies; mais ce ne fut que comme pied à pied. De la nef on s'avança dans le chœur, du chœur dans le sanctuaire; c'était à qui approcherait le plus près du saint des saints. Charlemagne, après avoir défendu la sépulture dans les églises, la permit pour les évêques, les abbés et les bons prêtres seulement [2]. Les puissants de la terre ne tardèrent pas à réclamer et à

---

[1] « *Præter duorum tantummodò, quorum corpora in ipsâ* « *ecclesiâ posita sunt eò quòd prædicta porticus plura capere* « *nequivit.* »

[2] « *Ut mortui non sepeliantur in ecclesiâ, nisi episcopi et* « *abbates, vel fideles et boni presbyteri.* » (Capitulaires.)

En Espagne, vers la même époque, non seulement on permit la sépulture dans les églises pour les ecclésiastiques, mais même on en fit une loi : « *Si quis in ecclesiâ conjunctus fuerit,* « *in eâ sepelietur* », disent les anciens canons de 790.

(*Spicilegium*, t. 1, p. 495.)

obtenir la même faveur[1]. Rollon est le premier laïque qui ait obtenu les honneurs de la sépulture dans la Cathédrale de Rouen. Son corps fut placé non loin du maître-autel. Si on n'admet point que cette faveur ait été considérée comme un acte de justice envers le conquérant qui, dans ce même temple, avait abjuré la foi de ses pères pour se soumettre à la religion du pays, il faut reconnaître, dans cette dérogation aux usages anciens, un acte de profonde politique de la part du clergé rouennais. En effet, il sanctionnait ainsi d'une manière éclatante la conversion de Rollon, et en même temps il enchaînait sa race et ses compagnons à la religion qu'il avait embrassée, et dans laquelle il était mort. On peut dire que c'était comme un nouveau baptême qu'il leur faisait subir dans la personne de leur chef. Guillaume-Longue-Épée, successeur de Rollon, le suivit de près au

---

[1] Il paraîtrait qu'ils en auraient joui dès l'origine en Italie. En France, il n'en était pas de même.

tombeau; il fut inhumé non loin de lui. Quand à son petit-fils, Richard Iᵉʳ, ce prince, par piété autant que par humilité, et pour se conformer à l'ancienne coutume, ne voulut point être enterré dans l'église de Fécamp, qu'il avait construite, mais en dehors, et sous la gouttière, disent nos vieux chroniqueurs, « *ad ostium, in stillicidio* ». C'est ainsi que Pepin s'était fait inhumer à Saint-Denis [1]. Dans l'origine, on ne souffrit que de simples pierres tumulaires, qui ne devaient pas dépasser le sol. « *Sepulchrum reliquo pavimento ecclesiæ æquatum sit* », dit le premier concile de Milan. Peu à peu, et par intervalles, on enfreignit cette règle, mais non ouvertement [2].

---

[1] « Adens fu couchié el sarkeul, une crois desouz sa face, et le « chief tourné devers Orient. » (*Chroniques de Saint-Denis*.)
Cette expression *adens*, pour dire tourné contre terre, est encore usitée en Basse-Normandie.

[2] De temps à autre, on rappelait les fidèles à l'observance des anciens règlements. En 797, Théodulphe, évêque d'Orléans, ordonna de raser, dans les églises de son diocèse, tous les sépulcres qui s'élevaient au-dessus de terre, et de convertir en cimetières, après en avoir enlevé les autels, celles où il se trouverait un trop grand nombre de sépulcres.

C'est ainsi que la tombe de Maurile, un des archevêques les plus vénérés de Rouen, ayant été exhaussée, par le clergé de la Cathédrale, de trois pieds au-dessus de terre, il ne fallut rien moins que l'intervention d'un miracle pour légitimer cette innovation aux yeux du peuple; et cependant, ce fait se passait vers la fin du xie siècle. Mais on devait bientôt s'affranchir de cette règle. La piété, la vanité, luttant avec avantage contre la simplicité des temps antiques et les défenses ecclésiastiques, entourèrent la cendre des morts, surtout celle des hommes puissants, d'un luxe qui allait toujours en augmentant. Dans les siècles reculés, point d'éclat extérieur; la richesse des tombeaux était enfermée dans leur sein; l'or, l'argent, les étoffes et les pierres précieuses dormaient enfouis avec les os des cadavres. Plus tard, la richesse éclate à l'extérieur; tout brille en dehors. En même temps, les statues, couchées sur les mausolées comme marquées du sceau éternel, se redressent et s'animent;

la vie semble disputer les tombeaux à la mort. Les progrès des arts favorisèrent singulièrement la tendance que nous venons de signaler; elle ne connut bientôt plus de bornes. C'est alors que, aux XV° et XVI° siècles, on vit s'élever, sur des dimensions et avec une pompe inconnues, ces mausolées aujourd'hui objets d'étonnement et d'admiration. Malgré les efforts de quelques saints prélats, le luxe, et, pour me servir de l'expression énergique de l'un d'eux, l'insolence des tombeaux alla croissant[1]. La Cathédrale de Rouen avait donné l'exemple en Normandie. A défaut des

---

[1] A l'assemblée de Melun, tenue en 1579, on agita la question suivante :

« *Piorum omnium esto pastorum judicare, an ferenda sit nostri temporis insolentia sepulchrorum, in quibus putrida corpora, nisi sint regum aut principum, tanquam sanctorum relliquiæ, excelso, ornato, et splendido loco in ecclesiis collocantur, non sine armorum, vexillorum et trophæorum maximâ copiâ, etc.* »

Le concile de Rheims, tenu en 1583, interdit formellement ce luxe et cette pompe. Il alla plus loin : rappelant les anciens canons, il voulut que les tombes ne fussent pas élevées au-dessus de terre : « *non liceat tumulos ipsâ humo altiores erigere.* » Cette défense demeura presque partout sans effet.

riches et nombreux sépulcres qu'elle a perdus, les mausolées de Georges d'Amboise et de Louis de Brézé, qu'elle possède encore, fourniraient au besoin la preuve qu'elle s'était mise, à cet égard, au premier rang.

La place la plus ambitionnée, comme nous l'avons dit plus haut, était le sanctuaire. Long-temps disputée et partagée par les hauts dignitaires ecclésiastiques et par les têtes couronnées, elle finit presque partout, et principalement dans les métropoles, par appartenir à ces dernières. Ainsi, à Rouen, on ne voyait dans le sanctuaire, et même dans le chœur, que des tombeaux de princes. On y en comptait cinq : c'étaient ceux de Guillaume, fils de Geoffroy Plantagenêt et de l'impératrice Mathilde, de Henri-le-Jeune, associé au trône par son père Henri II roi d'Angleterre, de Richard-Cœur-de-Lion, roi lui-même, de Jean duc de Bedford, fils de roi; de Charles V, roi de France. Nul autre n'avait le droit d'aborder cette enceinte privilégiée. Un des grands dignitaires de la Cathédrale de Rouen, en même temps un de ses plus signalés bienfaiteurs [1], ayant demandé, par testament, à être enterré dans le chœur, le clergé refusa opiniâtrement cette place, comme étant exclusivement réservée aux sépultures royales. La famille ayant insisté, il ne fallut rien moins qu'un arrêt de la Cour de l'Échiquier pour forcer le Chapitre à céder aux intentions du testateur ; encore fit-on cette concession, qu'il ne serait mis ni tombe, ni statue, ni même d'épitaphe à l'endroit où le corps serait déposé ; ce qui fut exécuté.

Nous ne terminerons pas ce court exposé sans exprimer le vœu que notre exemple encourage les amis de nos antiquités nationales à étendre aux principales églises de Rouen, et même à celles des autres parties de la Normandie, le travail que nous avons fait pour

[1] Jean Masselin, doyen, mort en 1500. Il avait fait, entre autres donations à la Cathédrale, celle d'une table d'argent massive, du poids de 372 marcs, pour placer sur le maître-autel.

sa basilique métropolitaine. C'est un appel que nous nous plaisons à faire à leurs lumières et à leur patriotisme. Les vieux chroniqueurs, presque tous habitants des cloîtres et des églises, nous ont laissé de longs récits des libéralités de leurs bienfaiteurs, de la vie et des derniers moments de leurs saints, de leurs prélats, de leurs abbés; mais, peu soucieux de tout le reste, ils nous ont légué le soin de décrire leurs monuments et leurs tombeaux. Acceptons cette tâche; réunissons nos efforts pour arracher au temps ou aux démolisseurs à venir le petit nombre de ceux qui sont restés debout. Hâtons-nous, car bientôt, peut-être, il ne nous resterait plus qu'à nous écrier avec le prophète : *Substulerunt quod supererat !*

TOMBEAU
DE ROLLON.

✢

« Rollon, grand homme de justice et d'épée, fut chef
« de ce peuple qui renfermoit en lui quelque chose
« de vital et de créateur propre à former d'autres
« peuples. »

(CHATEAUBRIAND, *Analyse raisonnée
de l'histoire de France.*)

✢

Pl. II.

Statue de Rollon.

Tombeau de Rollon.

Entrons dans l'église cathédrale de Rouen. Le long du collatéral de la nef (côté droit) règne une suite de chapelles, dont la dernière est connue encore aujourd'hui sous le nom de petit Saint-Romain[1]. C'est là que repose la cendre de Rollon.

---

[1] La confrérie religieuse de Saint-Romain, qui s'y réunissait, s'y trouvant trop à l'étroit, obtint du chapitre de la Cathédrale, en 1516, une autre chapelle située dans le transept méridional de l'église, laquelle prit le nom de grand Saint-

Elle est renfermée dans un sarcophage en stuc noir veiné de jaune, qui est placé en renfoncement dans la muraille, sous une arcade surbaissée. Le sarcophage a sept pieds de long sur près de trois de hauteur et sur deux pieds sept pouces de large. Une statue en pierre est couchée dessus, les pieds tournés au nord. (*Voir* planche II.)

On se tromperait étrangement si on croyait voir l'image véritable de Rollon dans cette figure, qui, à en juger par le style et par le costume, n'a pu être exécutée que dans le XVe siècle, dans le XIVe au plutôt. Où le sculpteur, en l'absence absolue de tout monument antérieur, aurait-il pris les traits de notre premier duc, mort depuis près de cinq cents ans lorsqu'il exécuta son ouvrage? On voit (et cela ne doit pas avoir lieu de nous étonner) qu'il ne connaissait même pas les traditions du Nord qui font de Rollon un homme d'une taille et d'une corpulence extraordi-

---

Romain. La confrérie, qui s'était chargée de sa décoration, fit placer dans cette dernière chapelle les magnifiques vitraux qu'on y voit encore et qui portent la date de 1521.

naires¹ ; car tel il ne l'a pas représenté à coup sûr : il a fait une pure figure de fantaisie.

L'artiste a donné à Rollon le costume et les attributs royaux. La couronne, qui pose sur le sommet de la tête, est ouverte et fleuronnée. Quant au sceptre, on n'en aperçoit plus qu'un fragment ; il était retenu le long du corps par la pression du bras, et non placé dans les mains. Celles-ci, à en juger par la position des deux avant-bras, devaient être réunies sur la poitrine et jointes ; elles ont disparu. La tête est appuyée sur un coussin, que soutiennent deux petits anges placés, l'un à droite, l'autre à gauche². Sous les pieds du prince était couché un chien, symbole de

---

¹ « Rollon, dit la Saga de Harald-Harfager, était si fortement « constitué, qu'aucun cheval ne pouvait le porter ; il était « donc obligé d'aller à pied. Voilà pourquoi il fut appelé « Rollon le marcheur, *Gaungu-Rolfur.* »

(DEPPING, *Histoire des Expéditions maritimes des Normands*, t. II, p. 318.)

² Celui de droite a été horriblement défiguré par un restaurateur maladroit. Il serait facile de faire disparaître l'espèce de monstre qu'il a substitué au corps de l'ange. L'artiste auquel a été confié le dessin de la planche ci-jointe, avait trop de goût pour reproduire cette grossière figure.

fidélité ; il n'en reste plus guère aujourd'hui que les extrémités.

La tunique du personnage, qui tombe à la cheville des pieds, est retenue autour du corps par une ceinture ouvragée à bout flottant ; un manteau court, orné de son collet et agrafé sur l'épaule droite, lui est superposé. La tunique est à fond couleur d'or, parsemé de bouquets en noir ; le manteau est rouge, et herminé en dedans. Les autres parties de la statue ont également été couvertes d'une couche de peinture, que le temps a plus ou moins altérée.

Rollon est représenté la barbe rase et les cheveux courts : ceux-ci s'arrêtent au-dessous de l'oreille.

Nous venons de dire que la statue ne datait que du XIVe ou du XVe siècle. Le sarcophage qui la porte, et la décoration qui environne celui-ci, sont moins anciens encore ; ils appartiennent au dernier siècle. Cette restauration est postérieure à 1730, puisque Farin, qui écrivait à cette époque, n'a pas connu l'inscription qui fut placée alors au-dessus de la niche du tombeau, et qu'on y voit encore à l'heure où j'écris. Cette inscription, gravée en lettres d'or sur une table de marbre noir, est ainsi conçue :

HIC POSITUS EST
ROLLO
NORMANNIÆ A SE TERRITÆ, VASTATÆ,
RESTITUTÆ
PRIMUS DUX CONDITOR PATER
A FRANCONE ARCHIEP. ROTOM.
BAPTIZATUS ANNO DCCCCXII.
OBIIT ANNO DCCCCXVII.

Ossa ipsius in veteri sanctuario
Nunc capite navis primum condita
Translato altari hic collocata
Sunt a B. Maurilio archiep. Rotom.
An. MLXIII.

En voici la traduction :

Ici est placé Rollon, premier duc, fondateur, père de la Normandie, qui fut par lui d'abord épouvantée, ravagée, puis restaurée. Il fut baptisé par Francon archevêque de Rouen, l'an 912. Il mourut en 917.

Ses os, inhumés en premier lieu dans l'ancien sanctuaire, là où se trouve aujourd'hui le haut de la nef, ont été mis ici, après la translation de l'autel, par le bienheureux Maurile archevêque de Rouen, en 1063.

Il est bien probable que cette dernière partie de l'épitaphe a été empruntée à une inscription plus ancienne. Dans ce cas, le renseignement qu'elle nous donne n'en serait que plus précieux. Il nous apprend que, dans l'origine, la cendre de Rollon avait été déposée dans le sanctuaire auprès du maître-autel, et que le sanctuaire ne dépassait pas le haut de la nef actuelle. Lorsque l'archevêque Maurile, vers le milieu du xie siècle, agrandit la Cathédrale, et reporta, par suite de cet agrandissement, le maître-autel plus à l'orient, il exhuma les os de Rollon et les plaça dans la partie méridionale de l'église. Il ne faut pas croire, toutefois, que ce soit dans la chapelle même où nous les voyons aujourd'hui, puisque cette chapelle, ainsi que celles qui règnent le long des deux collatéraux de la nef, ne furent bâties que vers le commencement du xive siècle. Orderic Vital, ce vieil historien normand, dit, en parlant de cette translation :

« Il (l'archevêque Maurile) transporta révérencieusement les corps des ducs Rollon et Guillaume dans l'église, et inhuma Rollon auprès de la porte méridionale et Guillaume contre la porte septentrionale. Des épitaphes en lettres d'or furent mises sur leurs tombeaux. Voici quelle était celle de Rollon :

« Rollon, duc des Normands, la terreur de l'ennemi, le défenseur des siens, est enfermé dans ce tombeau, sous cette épitaphe. La valeur de ses ancêtres l'éleva si haut, que ni son aïeul, ni son père, ni son bisaïeul, ne servirent sous qui que ce soit. Il défit en bataille rangée le roi des Daces et ses puissantes et nombreuses cohortes. Il mit en fuite les Frisons, les peuples de Walcheren, de Hambourg et du Hainaut réunis. Il contraignit les Frisons, souvent vaincus, à lui jurer fidélité et à lui payer tribut. Il s'empara de Bayeux, dompta deux fois les Parisiens. Personne ne fut aussi terrible aux bataillons français. Durant trente ans, il remplit la Gaule de carnage, faisant la guerre au faible Charles. Après de longues années de pillage, d'incendies, de massacres, il conclut un traité avantageux avec les Gaulois empressés de le souscrire. Il mérita de recevoir en suppliant le baptême des mains de Francon, effaçant ainsi la souillure du vieil homme. De loup cruel devenu agneau inoffensif, ainsi métamorphosé, qu'il trouve grâce devant Dieu¹. »

¹ « *Corpora verò ducum Rollonis et Guillelmi reverenter in sacram ædem transtulit, et Rollonem propè ostium australe, et Guillelmum secùs ostium aquilonare tumulavit : et epitaphia eorum super illos litteris aureis annotavit. Rollonis autem titulus talis est :*

EPITAPHIUM ROLLONIS.

Dux Normannorum, timor hostis, et arma suorum,
 Rollo sub hoc titulo clauditur in tumulo.
Majores cujus probitas provexit, ut ejus
 Servierit nec avus, nec pater, nec proavus.
Ducentem fortes regem multasque cohortes
 Devicit Daciæ congrediens acie.
Frixonas, Waleros, Halbacenses, Hainaucos,
 Hos simul adjunctos Rollo dedit profugos.
Egit ad hoc Fresios per plurima vulnera victos,
 Ut sibi jurarent, atque tributa darent.
Baiocas cepit, bis Parisios superavit,
 Nemo fuit Francis asperior cuneis.
Annis triginta Gallorum cædibus arva
 Implevit, pigro bella gerens Carolo.
Post multas strages, prædas, incendia, cædes,
 Utile cum Gallis fœdus iniit cupidis.
Supplex Franconi meruit baptismate tingi :
 Sic periit veteris omne nefas hominis.
Ut fuit ante lupus, sic post fit mitibus agnus.
 Pax ita mutatum mulceat ante Deum.

   (*Scriptores normannicæ Historiæ*, p. 567.)

C'est sans doute à cette épitaphe que Robert Wace fait allusion dans son poëme du Roman de Rou, lorsqu'il dit :

> En mostier Nostre-Dame, el costé verz midi,
> Ont li cler è li lai li cors ensepulcri;
> E la sépulture i est è l'epitaphani,
> Ki racunte sis fez è coment il veski.
>
> (*Vers* 2058.)

Si l'on s'en rapporte à l'auteur de l'Histoire de la Cathédrale de Rouen[1], cette épitaphe avait remplacé l'inscription suivante, écrite en partie en vers léonins, qui aurait figuré sur le premier tombeau de Rollon :

DUX NORMANNORUM CUNCTORUM NORMA BONORUM,
. . . .
ROLLO FERUS, FORTIS, QUEM GENS NORMANICA MORTIS
INVOCAT ARTICULO, CLAUDITUR HOC TUMULO.
IPSI PROVIDEAT TUA SIC CLEMENTIA, CHRISTE,
TE UT SEMPER VIDEAT COETIBUS ANGELICIS.

Le duc des Normands, le type de ce qu'il y a de bien, ... Rollon l'intrépide, le fort, que la gent

---

[1] D. Pommeraye, p. 68.

normande invoque à l'article de la mort, est enfermé dans ce tombeau. Que ta clémence s'étende sur lui, ô Christ, et qu'il te voie éternellement dans les chœurs des anges.

Il règne une si grande obscurité sur la chronologie de nos premiers ducs et principalement sur celle de Rollon, qu'il est difficile de déterminer d'une manière précise l'époque de la mort de cet homme célèbre. L'auteur de l'épitaphe moderne, ainsi que la plupart des historiens, suivant en cela Orderic Vital, le font mourir cinq ans après son baptême, c'est-à-dire en 917. Flodoard, historien contemporain et par là même beaucoup plus digne de foi, le montre vivant encore en 928. Si l'on doit admettre, comme le donne à entendre le texte de Dudon de Saint-Quentin, que ce fut, non pas cinq ans après son baptême, mais cinq ans après avoir associé son fils au gouvernement, qu'il mourut, Rollon aurait prolongé sa carrière jusqu'en 931, ou même jusqu'en 932.

Nos chroniques font paraître Rollon en 876 sur les rives de la Neustrie; celles du Nord, vingt ans plus tard[1]. Ce qui paraît certain, c'est que Hrolf, auquel nous avons donné le nom plus doux de Rollon[2], fut exilé à perpétuité de la Norwége en 895, par suite de sa désobéissance au roi Harald. C'est de ce moment que, privé de l'espoir de rentrer sur sa terre natale, ce puissant pirate, comme s'expriment les Sagas du Nord, adopta nos rives occidentales, pour les ravager d'abord, pour s'en emparer et les gouverner plus tard.

Rollon était depuis long-temps maître d'une partie de la Neustrie, lorsque Charles-le-Simple, par un acte que les contemporains et la postérité ont taxé de faiblesse, mais qui fut forcé et peut-être politique, à bien examiner, la lui

---

[1] SNORRE. Peut-être Rollon avait-il fait antérieurement quelques excursions en France comme simple compagnon, si ce n'est comme chef de pirates du Nord, ce qui pourrait expliquer la date de 876, sans contredire celle des historiens de son pays qui n'auront pas tenu compte de ses premières armes. Au surplus, ce n'est là qu'une simple conjecture, que j'abandonne au jugement des érudits.

[2] Son arrière petit-fils, Richard II, le nomme encore, dans une de ses chartes, *Rolphus*. C'est le vrai nom norwégien latinisé.

concéda¹, sous la réserve de foi et hommage. Il paraît faux, malgré le témoignage de nos plus anciens historiens normands, que Charles-le-Simple ait sanctionné cette cession en accordant à Rollon la main de sa fille Gisèle. Un jeune prince, marié seulement depuis cinq années, ne pouvait avoir une fille à donner en mariage, et moins encore à un homme plus que sexagénaire.

Ce qui est plus certain, c'est que Rollon embrassa la religion de ses nouveaux sujets. Il fut baptisé en 912 par l'archevêque de Rouen Francon. Cet acte de haute politique ne contribua pas peu à affermir sa puissance, et à assurer la domination normande.

La Neustrie respira enfin sous le gouvernement sévère et éclairé de celui qui l'avait mise à feu et à sang : cette belle province ne tarda pas à sortir de ses ruines.

Ce qui distinguera à jamais Rollon des autres chefs normands qui, non moins vaillants peut-

¹ Il faut en excepter l'Avranchin, le Cotentin et le pays de Bayeux, qui ne furent incorporés que plus tard à la Normandie.

être que lui, portèrent la terreur sur le sol français, c'est qu'il eut la gloire d'être fondateur, et que, à l'ombre de son nom, de ses lois et de son épée, ses enfants et leurs successeurs conservèrent sous leur domination, pendant près de trois siècles, une des plus belles et des plus riches provinces de l'Europe.

TOMBEAU

DE

GUILLAUME-LONGUE-ÉPÉE.

✠

« *Statim verò corpus sacrosanctum feretro velociter*
« *impositum, et Rothomagensi urbi eum magno ejulatu*
« *delatum in ecclesiam B. Mariæ genitricis Dei honorificè*
« *sepelierunt.* »

« Or, aussitôt ils placèrent rapidement son saint corps
« dans un cercueil, et l'ayant transporté dans la ville
« de Rouen avec de grands gémissements, ils l'ense-
« lirent honorablement dans l'église de la bienheureuse
« Marie mère de Dieu. »

(Dudon de Saint-Quentin.)

✠

TOMBEAU
DE
Guillaume-Longue-Épée.

ÉNÉTRONS dans la chapelle qui correspond, de l'autre côté de la nef, à celle où repose la cendre de Rollon. Nous sommes dans la chapelle de Sainte-Anne ; c'est là que sont déposés les restes de Guillaume-Longue-Épée[1], fils et successeur de Rollon.

Au premier coup-d'œil, il est facile de se

---

[1] Tous nos historiens désignent ainsi le fils de Rollon ; la Saga du Nord dite *de Harald-Harfager* l'appelle *Rollon-Longue-Épée*.

convaincre que les tombeaux du fils et du père ont été dressés à la même époque ; la forme, la décoration et les proportions en sont, à peu de chose près, identiques. Nous pourrions donc, à la rigueur, renvoyer à la description que nous avons faite du tombeau de Rollon, pour donner une idée exacte de celui de Longue-Épée. Il se compose, comme le premier, d'un sarcophage en stuc, placé dans une niche surbaissée et chargé d'une statue couchée. Cette dernière est également en pierre et peinte. Elle a, comme celle de Rollon, six pieds de longueur. Le sarcophage porte deux pieds dix pouces de haut; la niche qui le renferme, sept pieds de long sur une profondeur de deux pieds huit pouces.

A l'exception de la main gauche, du sceptre, et de quelques parties accessoires, qui ont été brisés, la statue est dans un état de conservation assez remarquable. C'est un avantage qu'elle a sur la statue du premier tombeau. Bien qu'évidemment de la même époque que celle-ci, elle est due probablement à un autre ciseau et à une main plus habile. En effet, le

Statue de Guillaume Longue-Epée.

style en est plus large et plus pur, bien que la roideur du dessin soit à peu près la même dans les deux figures. Dans l'une comme dans l'autre, la tête du personnage est appuyée sur un carreau que soutiennent de petits anges ; les pieds posent sur un animal couché[1]. Quant au costume et aux attributs, ils sont absolument semblables. Nous en dirons autant de la coiffure. (*Voir* planche III.)

J'ai trouvé dans les actes capitulaires manuscrits de la Cathédrale une précieuse indication touchant la peinture dont cette statue a été recouverte. On y lit, sous la date du 12 mai 1467 :

« *Ad faciendum depingi ymaginem Guillelmi*
« *de Longue Espée, requiescentis in capella*
« *Sanctæ Annæ domini de capitulo commiserunt*
« *magistros De Deserto et ..... Huireau unà*
« *cum magistris operis et eos auctorizaverunt ad*
« *capiendum aliquas pertinencias de emendis*
« *per subditos capituli debitorum.* »

---

[1] Le dessin n'est pas tellement déterminé, qu'on ne puisse voir ici un chien ou un mouton, à volonté.

Messieurs du Chapitre commirent maîtres Du Desert et ..... Huireau, avec les maîtres de l'œuvre, pour faire peindre l'image de Guillaume-Longue-Épée, qui repose dans la chapelle de Sainte-Anne, et les autorisèrent à prendre quelques appartenances des amendes dues au Chapitre.

Il paraîtrait que ce ne fut que l'année d'après que cette opération eut lieu, puisque je trouve la note suivante aux mêmes registres capitulaires :

« *Martii 1468. Domini, etc......, sunt*
« *deputati ad faciendum depingi statuam ducis*
« la Longue Espée, *in capella Sanctæ Annæ*
« *exponendo in hoc usque ad IX scuta aut plura*
« *si opus est.* »

Mars 1468. Messieurs, etc......, ont été députés pour faire peindre la statue du duc *la Longue Espée*, dans la chapelle de Sainte-Anne, en y consacrant jusqu'à neuf écus, et plus s'il est nécessaire.

Si on devait admettre que la statue a été peinte immédiatement après avoir été mise en place, on ne pourrait, d'après le document que je viens de rapporter, faire remonter son exécution plus haut qu'à la seconde moitié du xve siècle; il en serait de même de celle de Rollon. Mais il resterait alors à se prononcer entre cette indication et le style et le costume des deux figures, qui paraissent leur assigner une époque un peu plus reculée. Quoi qu'il en soit, nous avons ici une date certaine pour l'enluminure de ce morceau de sculpture; elle devient précieuse pour l'histoire de l'art.

L'artiste qui fut chargé de cette opération a peint toutes les parties nues, telles que la face, le cou et les mains, en couleur de chair d'un seul ton, tirant sur le rouge. Quant aux cheveux, qu'il a voulu représenter blonds, il les a colorés en jaune. Il a donné au manteau un fond rouge à semis de bouquets dorés, et une bordure en or. La tunique, autant que l'altération de la couleur permet d'en juger, était en or bruni.

Au-dessus de la crèche du tombeau, sur un

marbre noir, se lit l'inscription suivante, qui est gravée en lettres d'or :

HIC POSITUS EST
GUILLELMUS DICTUS LONGA SPATA
ROLLONIS FILIUS
DUX NORMANNIÆ
PRODITORIE OCCISUS DCCCCXXXXII.

Ossa ipsius in veteri sanctuario,
Ubi nunc est caput navis, primum
Condita, translato altari, hic
Collocata sunt a B. Maurilio
Archiepisc. Rotom.
Anno MLXIII.

Ici est placé Guillaume dit Longue-Épée, fils de Rollon, duc de Normandie, assassiné par trahison en 942.

Ses os, ensevelis d'abord dans l'ancien sanctuaire, là où est maintenant le haut de la nef, ont été placés ici par le bienheureux Maurile archevêque de Rouen, l'an 1063.

Du temps d'Orderic Vital, c'est-à-dire vers le milieu du xiie siècle, une autre épitaphe, aussi tracée en lettres d'or, se lisait sur le tombeau de Guillaume-Longue-Épée. La voici :

QUOS DEFENDEBAT GUILLELMUS NEMO PREMEBAT,
　AUXILIO CARUIT LÆDERE QUEM VOLUIT.
REGIBUS AC DUCIBUS METUENDA MANUS FUIT EJUS;
　BELLIGER HENRICUS CÆSAR EUM TIMUIT.
REXIT NORMANNOS VIGENTI QUINQUE PER ANNOS
　MILITIS ATQUE DUCIS PROMPTUS IN OFFICIIS.
CŒNOBIUM PULCRÈ REPARAVIT GEMMETICENSE,
　ET DECREVIT IBI FERRE JUGUM MONACHI.
FERVIDUS INVICTI COLUIT NORMAM BENEDICTI,
　CUI PETIIT SUBDI PLENUS AMORE DEI.
DISTULIT HOC ABBAS MARTINUS, DIVA POTESTAS;
　SÆVA PER ARMA MORI PRÆTULIT OMEN EI.
NAMQUE DOLIS COMITIS ARNULFI NECTUS INERMIS
　CORRUIT, ÆTHEREUM POSSIT HABERE DEUM. *AMEN*.

Ceux que défendait Guillaume, personne n'osait les attaquer ; ceux qu'il voulait frapper, personne n'osait les défendre. Son bras fut redoutable aux rois et aux ducs; le belliqueux empereur Henri le craignit. Prompt à remplir les devoirs de duc et de guerrier, il gouverna les Normands durant vingt-cinq années[1].

---

[1] Il y a là une grossière erreur. Même en comptant les cinq années pendant lesquelles Guillaume aurait participé au gouvernement, du vivant de son père, il n'aurait été duc que l'espace de seize ou dix-sept ans.

Il répara et embellit le couvent de Jumiéges, et résolut d'y porter le joug monastique. Il cultiva avec ardeur la règle de saint Benoît, et, plein de l'amour de Dieu, il voulut s'y soumettre. L'abbé Martin [1] et la volonté divine l'en dissuadèrent. Son destin le porta à mourir par le fer : enlacé, sans armes, dans les ruses du comte Arnould, il tomba. Puisse-t-il voir Dieu dans le ciel !

Ainsi-soit-il.

Nous donnons une seconde épitaphe, également en vers, que nous empruntons au vieux Nécrologe de la Cathédrale :

EPITAPHIA GUILLELMI FILII ROLLONIS.

ROLLONIS NATUS GUILLELMUS LONGA VOCATUS
SPATA DEO GRATUS JACET HIC TUMULO TUMULATUS
PANEM CANONICIS IN HONORE DEI GENITRICIS
CONTULIT. ERGO PIA JUVET IPSUM VIRGO MARIA
UT QUI CUNCTA VIDET SIBI VINO PANE FRUI DET
ANNO CENTENO NOVIES DUO CUM QUADRAGENO
DEFUIT IN MEMBRIS DUODECIMA LUCE DECEMBRIS
QUI CUNCTIS ESCAS DAS CUM CHRISTO REQUIESCAS
QUI PANEM CHRISTI PRO MATRIS HONORE DEDISTI
QUI DEDIT HOC MUNUS HUNC SALVET TRINUS ET UNUS.

[1] Abbé de Jumiéges.

Guillaume, fils de Rollon, dit Longue-Épée, cher à Dieu, gît couché dans ce tombeau. Il donna le pain aux chanoines, en l'honneur de la Mère de Dieu. Que la Vierge Marie reconnaissante le protège auprès de celui qui voit tout, pour qu'il lui soit accordé le pain et le vin. L'an neuf cent quarante-deux, le douzième jour de décembre, il quitta la vie. Toi qui donnas la nourriture aux autres[1], repose avec le Christ ; toi qui donnas le pain du Christ en l'honneur de sa mère, toi qui fis cette générosité, puisse te sauver la Sainte-Trinité !

Il n'est pas hors de propos de faire remarquer que ces deux dernières épitaphes sont écrites en vers léonins; ce qui prouverait qu'elles ne datent point de l'époque de la sépulture, puisqu'on sait que cette sorte de vers n'a été mise en usage que vers le commencement du XIIe siècle. La même observation doit s'appliquer à celles de Rollon.

---

[1] Le poète fait ici allusion à la distribution de pain qui, de temps immémorial, était faite aux chanoines, au moyen d'une fondation de Guillaume-Longue-Épée. Le Nécrologe de la Cathédrale (manuscrit du XIIIe siècle) en fait ainsi mention à l'article de ce prince :

« *Januarii* XVI *kal. obiit Willelmus filius Rollonis in cujus obitu habemus* XXX *solidos in ecclesia de Londinières et unam summam frumenti in pane pauperibus* »

Guillaume-Longue-Épée mourut, lâchement assassiné par Arnould comte de Flandre, dans une île de la Somme, où ce dernier lui avait indiqué une conférence. L'inscription du tombeau (*voir* page 24) le fait périr en 942; mais le témoignage de Dudon de Saint-Quentin, et surtout celui de Flodoard contemporain de l'événement, ne permettent pas de douter que sa mort n'ait eu lieu en 943. On ignore l'époque de sa naissance; on sait seulement qu'il vit le jour à Rouen. Son père le fit élever, dit-on, à Bayeux, parce que l'usage de la langue des hommes du Nord y était plus répandu ou mieux conservé qu'à Rouen. Rollon se sentant affaibli par l'âge, mais guidé principalement par le désir d'assurer à sa race la possession de la riche contrée qu'il avait arrachée à la France, associa son fils au gouvernement vers 927. Dudon nous apprend que Rollon mourut cinq ans après. Guillaume, sans égaler son père en valeur et en talents, eut la gloire d'achever et de consolider son ouvrage. Favorisé, il est vrai, par les circonstances dans lesquelles se trouvait la France, il réunit à la Normandie l'Avranchin et le Cotentin, et forma des alliances politiques qui prouvent que les ducs de Normandie formaient déjà un poids dans la balance. Guillaume fut même assez puissant pour replacer sur le trône le fils de l'infortuné Charles-le-Simple, Louis d'Outremer. Héritier de la politique de son père, qui s'était fait un appui du clergé, dont l'influence était si grande alors, il dota richement plusieurs établissements religieux, et releva de ses ruines celui de Jumiéges. Mais, ce que n'eût pas fait Rollon, il voulut, sur la fin de sa carrière, embrasser la vie monastique dans cette dernière abbaye. Le moine qui la gouvernait eut le bon sens de l'en dissuader : Guillaume ne devait point mourir dans un cloître, dit son épitaphe; sa destinée l'avait dévoué au fer d'un assassin :

Sæva per arma mori prætulit omen ei

TOMBEAU

DE

L'ARCHEVÊQUE MAURICE.

Là, depuis six cents ans, rangés sous ces portiques,
   Ils dorment tous, couchés sur leurs tombeaux,
Et ce temple debout, de ses arceaux antiques
   Protége encor la poudre de leurs os.

TOMBEAU
DE
l'Archevêque Maurice.

DERRIÈRE le chœur, à gauche, avant d'entrer dans la chapelle de la Vierge, on aperçoit une figure en pierre, dans le costume ecclésiastique, qui est couchée sur un tombeau également en pierre placé en renfoncement dans la muraille, et faisant pour ainsi dire corps avec elle.

La partie supérieure du monument se compose d'une arcade semi-circulaire soutenue par quatre petites colonnes extrêmement écrasées, dont les chapiteaux sont ornés de feuilles. Au centre de la bande sculptée qui forme archivolte, on voit représentée l'ame du défunt, sous la figure d'un enfant nu que deux anges portent dans un linceul. D'autres anges, au nombre de six, tenant dans leurs mains des flambeaux et des encensoirs, complètent cette scène, que l'on trouve souvent retracée sur les monuments funéraires du même âge. Le sarcophage est orné d'un bas-relief composé d'une suite de personnages assis, parmi lesquels, malgré les mutilations de la pierre, on peut reconnaître saint Pierre à sa clé, et les évangélistes au livre qu'ils tiennent à la main. Le nombre des figures ne s'élevant qu'à neuf, il est évident que l'artiste n'a pas eu l'intention de représenter le corps des apôtres ; mais, dans tous les cas, l'auréole ou nimbe qu'on remarque à toutes les têtes est un indice certain que ce sont ici des personnages sacrés [1]. Les auteurs du Voyage pittoresque et

---

[1] En France, sous la seconde race, les rois prirent le nimbe à l'imitation des empereurs d'Orient. Postérieurement, il fut invariablement réservé aux images de la divinité, des apôtres, des saints, et des personnages de l'Ancien-Testament, tels que Salomon, David, etc. C'est faute d'avoir fait cette remarque

Tombeau de Maurice archevêque de Rouen.

romantique en Normandie, qui ont donné un dessin de ce tombeau, les ont transformés en chevaliers. En supposant qu'ils n'aient pas cherché le mérite de l'exactitude, il faut convenir du moins qu'ils auraient pu mieux choisir.

Avant de parler de la statue qui fait le principal ornement de ce mausolée, je dois faire remarquer que les colonnes surmontées de leurs ogives, qui font saillie sur le tombeau, n'appartiennent point au monument lui-même, mais qu'elles font partie de la décoration générale de l'église : elles règnent dans tout le pourtour du chœur. Néanmoins on peut se convaincre, en jetant les yeux sur la gravure (pl. IV), qu'elles se marient très bien avec la masse du tombeau, et qu'elles produisent même un effet assez pittoresque.

---

que des savants, très recommandables d'ailleurs, se sont trompés sur les statues qui décorent le portail des églises de Chartres, du Mans, d'Angers et autres, dans lesquelles ils ont voulu voir des rois de la première race. C'était l'Écriture-Sainte, et non l'Histoire de France, qu'il fallait ouvrir pour appliquer à ces statues auréolées le nom qui leur appartient. Nous n'entrerons pas dans l'examen de ce fait curieux d'archéologie ; il nous entraînerait ici beaucoup trop loin.

Le prélat est représenté couché sur un linceul, les bras croisés sur la poitrine, et tenant sa crosse de la main droite (la partie inférieure et la tête de la crosse ont disparu.) L'anneau pastoral est passé au doigt du milieu de la même main; mais, par une disposition assez singulière, il est arrêté à la seconde phalange. Les cheveux du prélat sont courts et arrondis. La tête est revêtue d'une mitre peu élevée, telle qu'on les portait avant le XVIe siècle, et qui est ornée seulement d'espèces de galons à enroulements d'un beau style, qui rappellent l'époque de saint Louis. En général, sous le rapport du dessin, la figure ne manque pas d'un certain caractère; les détails en sont traités avec soin.

Le premier objet que l'on doive remarquer dans le costume de la statue est le pallium. Cet ornement, signe de la dignité archiépiscopale et de l'investiture papale, se compose ici de deux bandes plates et nues, dont l'une coupe horizontalement la poitrine, et la seconde descend perpendiculairement jusqu'au-dessous des genoux. Le pallium est placé sur la chape de pallium, autrement la chasuble, qui se déploie et s'arrondit par-devant. C'est cette partie antérieure du vêtement que le docteur Milner, d'après la gravure insérée dans l'ouvrage de M. Dawson Turner, a prise pour la dalmatique [1]. Si le savant docteur eût pu examiner le monument lui-même, il se fût facilement convaincu qu'elle ne fait qu'un avec la chasuble.

Il serait plus difficile de décider, à l'inspection de la statue, si l'espèce de pèlerine brodée avec collet, qui part de la naissance du cou, fait également corps avec la chasuble, ou bien lui est superposée. Ceux qui seraient portés à adopter la dernière opinion, vers laquelle je pencherais moi-même, peuvent voir dans cette partie du vêtement la mosette, ou mieux encore le *lorum*, si nous devons admettre, ce qui paraît fort présumable, que l'ancien costume papal et archiépiscopal ait été emprunté au costume des empereurs d'Orient [2].

---

[1] *Litter from Normandy*, t. 1, p. 155. London, 1820.

[2] Le pape Léon IX, dans une de ses lettres, mentionne le lorum entre autres marques de la dignité impériale conférées aux pontifes de l'église par Constantin : « *Nec non et super-*

Au-dessous de la chasuble est l'aube, qui est enrichie d'une large et profonde broderie. Celle-ci recouvre la dalmatique, si l'on n'aime mieux reconnaître dans ce dernier vêtement la tunique.

Entre la dalmatique et l'aube pendent deux bandes brodées qui paraissent avoir une assez grande analogie avec l'étole moderne. Du bras gauche du prélat descend le manipule, qui est terminé par une frange, ainsi que le pallium.

Nous ne parlerons pas de la chaussure, les pieds de la statue ayant disparu. Cette dégradation ne doit pas être ancienne, puisque M. Dawson Turner, déjà cité, qui écrivait en 1820, parle des sandales du prélat.

Les historiens de la Cathédrale et de la ville de Rouen ne nous ont pas laissé le nom de l'archevêque dont ce tombeau renferme les restes; ils laissent seulement à entendre qu'il

---

« *humerale videlicet lorum, quod imperiale circumdare solet*
« *collum.* »

Une médaille de l'empereur Léon IV le représente orné de cet insigne, qui offre la plus grande ressemblance avec celui de la statue que nous décrivons.

couvre, soit la cendre de Maurice, 54ᵉ archevêque de Rouen, soit celle de Guillaume de Durefort, le 61ᵉ, morts, le premier en 1235, le second en 1330, et tous deux inhumés dans leur église cathédrale. Un de ces historiens ajoute : « cependant, il est vraisemblable que « ce tombeau est d'une époque plus reculée, « d'après l'inspection de sa structure[1]. » En admettant avec l'auteur que ce tombeau ne puisse être celui de Guillaume de Durefort décédé dans le xivᵉ siècle, d'après le style du monument, qui ne permet pas en effet de lui assigner une date aussi rapprochée, je ne puis le regarder comme plus ancien que le siècle où vivait l'archevêque Maurice, mort, comme nous venons de le dire, en 1235 : voici sur quoi je me fonde.

On sait positivement que la Cathédrale de Rouen a été complètement détruite par le feu en 1200. Aucune partie de l'église actuelle, à l'exception de la base de la tour Saint-Romain,

---

[1] M. Gilbert, *Description historique de Notre-Dame de Rouen*, p. 69.

que sa position séparée du corps de l'église et la solidité et la masse de sa construction ont pu préserver de la violence du feu, n'annonce une architecture antérieure à cette époque. Tout ce que nous voyons aujourd'hui a été construit à partir de 1200 : le tombeau dont nous nous occupons ne peut donc remonter au-delà.

La forme de la crèche du tombeau, qui est à plein cintre, est loin d'être une preuve sans réplique contre cette assertion. Bien que l'ogive ait remplacé, dans nos contrées, le plein cintre vers le milieu du xiie siècle [1], cette dernière forme, soit par souvenir, soit par nécessité, se reproduisit quelquefois, bien que partiellement, dans les édifices d'un âge postérieur, ainsi que cela paraît avoir eu lieu ici. Au surplus, toutes les parties du tombeau

---

[1] Quelques antiquaires distingués assignent à cette révolution une date plus reculée, et voudraient la reporter pour la Normandie au xie siècle; je ne saurais partager leur opinion.

Si on ignore encore comment l'ogive a été introduite en Occident, d'innombrables exemples tendent à prouver que ce n'est qu'au xiie siècle qu'elle a remplacé, dans nos édifices religieux, la forme semi-circulaire.

dénotent, pour un œil exercé, l'époque du xiiie siècle. Le style des sculptures, la forme et les détails des chapitaux, le costume et les ornements des figures, sont autant d'indices qui deviennent non moins certains aux yeux de l'archéologue, que les traditions ou même que les données historiques les mieux constatées [1].

Si la plaque de cuivre qui décorait autrefois la niche du tombeau n'avait pas été enlevée, nous ne serions pas réduits à nous demander quel peut être l'archevêque dont il a reçu les restes. Au surplus, nous avons prouvé que ce mausolée ne pouvait remonter au-delà de 1200, et reconnu qu'il ne pouvait appartenir à une époque moins ancienne que le xiiie siècle; c'est donc dans ce laps de temps que nous devons circonscrire nos recherches. Parmi le petit nombre de prélats qui ont gouverné l'église de Rouen

[1] Sur un des gants du prélat on voit dessiné l'agneau portant bannière qui formait, dans l'origine, les armes de l'église de Rouen, mais qu'on ne trouve pas sur les sceaux de ses archevêques avant les dernières années du xiie siècle; nouvelle preuve contre l'antiquité reculée qu'on voudrait accorder à ce tombeau.

de 1200 à 1300, on sait que trois ont été inhumés dans la Cathédrale ; ce sont : Gautier de Coutances mort en 1207, Maurice mort en 1235, et Eudes Rigaut mort en 1275. Le tombeau de ce dernier était placé dans la chapelle de la Vierge, *à l'entrée, du côté du midi*, dit un ancien manuscrit. Il fut détruit par les Calvinistes en 1562. Resterait donc à choisir entre Gautier de Coutances et Maurice.

Nous lisons dans un ancien manuscrit de la bibliothèque Bigot, et dans le *Gallia christiana*, que Gautier fut inhumé dans la chapelle de Saint-Pierre Saint-Paul, sous un superbe tombeau en marbre. Le lieu de la sépulture, la matière du tombeau, ne peuvent s'appliquer à celui que nous avons sous les yeux. Ce dernier renfermait donc les cendres de l'archevêque Maurice [1].

Si l'on veut admettre avec moi que ce soit bien à l'archevêque Maurice qu'appartienne ce

---

[1] J'ai trouvé dans les archives départementales un sceau de cet archevêque, sur lequel il est représenté : l'image du sceau et la statue du tombeau offrent la plus complète analogie.

monument, peut-être ne lira-t-on pas sans intérêt quelques détails relatifs à l'histoire de ce prélat.

Maurice était né en Champagne, de parents pauvres. Enfant, il vécut d'aumônes. L'état ecclésiastique ne devait pas tarder à lui ouvrir une vaste carrière. Appelé à remplir les fonctions d'archidiacre dans l'église de Troyes, sa réputation méritée le fit monter, en 1215, au siége épiscopal du Mans. Il s'y distingua durant seize années par l'exercice d'une piété sévère et par une véritable simplicité apostolique. La chaire métropolitaine de Rouen étant venue à vaquer en 1231 par la mort de Thibaut, le pape Grégoire IX, devant qui avaient été portés les différends qui s'étaient élevés dans le Chapitre pour l'élection de son successeur, s'empressa de confirmer le choix qui avait été fait de Maurice.

Maurice ne tarda pas à déployer, dans son nouveau diocèse, le zèle qui l'animait pour la discipline ecclésiastique et les droits de l'église. L'année même de son intronisation (en 1231), il tint un concile provincial à Rouen, où il s'occupa avec ardeur de la réforme des mœurs et de plusieurs mesures de discipline et de juridiction[1]. Il y fut assisté de ses suffragants les évêques de Bayeux, d'Avranches, d'Évreux, de Séez, Lisieux et Coutances. J'avais d'abord pensé que le bas-relief du tombeau pouvait être une représentation de cette assemblée, qui

---

[1] Voici quelques-unes des dispositions les plus remarquables qui y furent arrêtées :

« Défense expresse de porter devant le juge séculier les causes ecclésiastiques.

« Défense aux prêtres, sous peine d'excommunication, de laisser conduire des chœurs (danses avec chants) dans le cimetière ou dans l'église.

« Défense aux mêmes de porter de grands couteaux pointus, des épées ou des lances.

« Les concubines des prêtres seront amenées le dimanche dans l'église, et là tondues devant le peuple.

« Défense aux laïques de faire faire leur testament par un laïque, et de tester hors la présence d'un prêtre, à moins d'urgence, telle étant la coutume en Normandie : *maximè cùm in Normanniâ talis consuetudo existat.*

« Les Juifs, en outre d'un habit différent de celui des chrétiens, devront avoir un signe particulier sur la poitrine qui les rende reconnaissables. » (Ce signe consistait en une petite roue.)

(Voyez *Concilia rotomagensis Provinciæ*, p. 134.)

dut faire époque dans l'épiscopat de Maurice ; mais l'examen du costume et des attributs des figures m'a fait depuis abandonner cette opinion.

L'église de Rouen avait eu d'assez fréquents démêlés avec la puissance temporelle. D'anciens griefs, auxquels s'étaient joints quelques nouveaux sujets de plaintes, réveillèrent, sous notre archevêque, une querelle qui s'était élevée entre son prédécesseur et la reine Blanche de Castille, en sa qualité de régente. Les biens de l'église de Rouen furent saisis au nom du jeune roi saint Louis. Maurice lança, à son tour, un interdit sur les domaines royaux placés dans son diocèse. Il l'étendit bientôt au diocèse tout entier. Au bout de treize mois de résistance, Blanche dut céder [1].

La mort de Maurice suivit de près cet événement. Le 10 janvier[2] 1235, il expira à Sauceuse.

---

[1] Il nous reste plusieurs lettres de Maurice relatives à cette longue querelle. On y trouve des détails curieux sur la mesure de l'interdit. (Voyez *Spicilegium*, t. III, p. 614 et 615.)

[2] *III idus januarii obiit venerabilis pater Mauricius*, dit le Nécrologe de la Cathédrale.

Son corps fut rapporté à Rouen, et inhumé avec pompe dans la Cathédrale, disent les chroniques. Nous ne parlerons pas des miracles qui s'opérèrent sur la cendre du prélat; mais nous nous ferons un devoir, en terminant cette courte notice, de rapporter, d'après un contemporain, un trait qui peint la simplicité de ses mœurs. Un jour que les principaux officiers de son église lui rendaient compte des douze mille livres qui formaient, à cette époque, le revenu de l'archevêché : « Mettez « de côté, leur dit Maurice, deux ou trois « mille livres pour l'entretien de ma maison. « Je n'ai aucun droit sur le reste; c'est le « bien des pauvres, distribuez-le aux pauvres. « Quant à ce que je conserve, j'en userai, « non comme propriétaire, mais comme dis- « pensateur[1]. »

Tel était Maurice : charitable, simple, sévère, mais en même temps défenseur opi-

---

[1] « *Duo aut tria millia ad victum familiæ nostræ conservate. « In reliquis omnibus nihil habeo; pauperum enim sunt, in « pauperes dispensate. Illis autem quæ mihi manent dispen- « satoris utar loco non domini.* »

niâtre des intérêts de l'église. On peut voir en lui le type et le modèle des prélats de son siècle.

On lit dans l'ouvrage intitulé : *Rouen. Précis de son histoire, son commerce, etc.*, au sujet du tombeau que nous venons de décrire :

« En attendant qu'on ait découvert le nom
« du prélat qui repose en ce lieu, je ne dois pas
« laisser ignorer, quelque ridicule qu'elle puisse
« être, la tradition populaire qui s'attache à ce
« monument. Elle veut, cette tradition, que
« le corps du personnage inhumé sous cette
« voûte soit celui d'un évêque qui, dans un
« moment de colère, avait tué son domestique
« d'un coup de cuiller à pot. Le peuple ajoute
« que l'évêque repentant ne voulut point être
« enterré dans l'église, mais qu'il défendit en
« même temps qu'on l'enterrât dehors, et que
« ce fut pour obéir à cette volonté ambiguë
« qu'on lui creusa un tombeau dans l'épaisseur
« d'un mur. »

Je crois inutile de fortifier l'opinion de l'auteur, en traitant à son exemple ce conte de ridicule; mais je dois ajouter que cette tradition, qui ne serait pas d'ailleurs particulière à notre ville, y a tout-à-fait péri.

Au moment de livrer ces feuillets à l'impression, voici ce que je trouve dans un manuscrit sur la Cathédrale de Rouen, qui vient de m'être communiqué par M. Auguste Le Prevost :

Autre épitaphe qui est derrière le chœur, près de la chapelle de la Vierge, du côté gauche, au-dessus d'un tombeau :

D. O. M.
HIC JACET
MAURITIUS EX EPISCOP.
CENOMANENSI
AD ROTHOM. ARCHIEP.
TRANSLATUS
ANNO M. CC. XXXI.
VITÆ AUSTERITATE,
LIBERALITATE
IN PAUPERES CLARUS
OBIIT ANNO
M. CC. XXXV.

Ici gît D. Maurice, élevé, l'an 1231, de l'épiscopat du Mans à l'archiépiscopat de Rouen. Il brilla par l'austérité de sa vie et par sa libéralité envers les pauvres. Il mourut l'an 1235.

L'indication qui précède cette épitaphe, et l'existence de l'épitaphe elle-même, confirment toutes mes conjectures : il ne doit plus être permis de douter que ce tombeau ne soit celui de l'archevêque Maurice.

TOMBEAU

DE

PIERRE DE BRÉZÉ.

✦

« Pierre de Brézé tomba au premier rang, de la mort
 des braves. »
« Le premier homme qui y mourut, ce fut luy. »
(PHILIPPE DE COMINES.)

✧

TOMBEAU
DE
Pierre de Brézé.

Brézé, grand sénéchal d'Anjou et de Normandie, repose dans le tombeau que nous allons décrire. C'est dans la chapelle de la Vierge, à l'extrémité orientale de l'église, derrière le chœur, qu'il faut entrer pour admirer ce joli monument : c'est le premier qu'on aperçoit à main gauche. Il est difficile de se placer devant ce mausolée sans être frappé de la grâce et de l'élégance de ses proportions, sans être étonné de la hardiesse et de la légèreté de la main qui découpa dans la pierre ces chiffres, ces ornements si multipliés et qui semblent suspendus comme par enchantement.

Ce tombeau se compose d'un sarcophage carré, accompagné de chaque côté de deux pilastres qui soutiennent une arcade semi-circulaire surmontée d'un fronton en entrelacs; le tout travaillé à jour et décoré des lettres P B, sculptées en caractères gothiques[1]. En l'examinant attentivement on aperçoit encore la trace des dorures qui l'embellissaient. Malheureusement ce ne sont point les seules atteintes que le temps ou la main des hommes lui aient fait éprouver : nul doute que ce ne soit à cette dernière qu'il faille attribuer la disparition de la statue qui devait décorer ce charmant tombeau, et qui rappelait les traits de celui dont il renferme la cendre. On ne sait pas à quelle époque elle a été enlevée; mais, bien que la tradition elle-même soit muette à cet égard, il est bien présumable qu'elle aura été brisée par les calvinistes en 1562, lors des

---

[1] Voir la lettre initiale de ce chapitre; elle a été dessinée d'après le monument.

Tombeau de Pierre de Brézé.

ravages qu'ils exercèrent dans la Cathédrale de Rouen.

La niche où était placée cette statue a cinq pieds de large sur quatre de profondeur. Sa hauteur est de six pieds quatre pouces jusqu'à la clé de voûte, qui est décorée d'un cartouche portant le monogramme du mort. Un cartouche semblable ornait autrefois les trois panneaux du sarcophage. J'ai cru devoir les rétablir sur la gravure (pl. v.)

La hauteur du mausolée, jusqu'au cordon supérieur, est de dix-sept pieds. Les clochetons ou pointes des deux pilastres, qui sont en partie brisées, devaient s'élever encore de deux pieds et demi; ce qui donne une hauteur totale de vingt pieds pour le monument.

On ignore le nom de l'artiste qui l'a exécuté.

Farin, dans son histoire de la ville de Rouen, et dom Pommeraie, dans celle de la Cathédrale, n'ont laissé aucune description de ce tombeau. Ils ne le mentionnent même pas, et ce n'est qu'indirectement qu'ils donnent à penser qu'ils en ont connu l'existence. Leur silence a servi sans doute à propager une erreur, qui nous paraît avoir pris sa source dans un ouvrage moderne, recommandable du reste, la Description historique de Notre-Dame de Rouen[1]. L'auteur dit, en parlant du monument dont nous nous occupons : « Dans la seconde « travée de la chapelle de la Vierge, à gauche, « se voit le tombeau de Guillaume Ier de « Flavacourt, archevêque de Rouen, mort en « 1306, et inhumé dans cette chapelle. »

Guillaume de Flavacourt a bien été inhumé dans la chapelle de la Vierge, mais le mausolée qui lui fut élevé, et qu'ont décrit Farin et dom Pommeraye, a malheureusement été détruit.

Sans parler du monogramme P B répété de tous côtés sur le mausolée, et qui ne saurait appartenir à Guillaume de Flavacourt, il suffit d'examiner le style de ce tombeau, pour se convaincre au premier coup d'œil qu'il ne peut remonter aux premières années du xive siècle, époque de la mort de l'archevêque de Flavacourt. En effet, il offre évidemment les premières

[1] Rouen, Frère, 1816.

traces du passage de l'architecture gothique à celle que l'on est convenu d'appeler de la renaissance, et qui signala les xve et xvie siècles; ce qui suffirait presque pour en déterminer la date.

Si l'inspection du tombeau pouvait laisser planer encore quelques doutes, les documents historiques archèveraient bientôt de les lever. Ils concourent tous à prouver qu'il renferme la cendre de Pierre de Brézé, grand sénéchal de Normandie, mort à la bataille de Montlhéry en 1465, et grand-père de Louis de Brézé, mari de la fameuse Diane de Poitiers.

En parlant de ce dernier on lit, en effet, dans un ancien manuscrit sur la Normandie: « Ses entrailles furent enterrées à Anet, son « cœur à l'abbaye de Coulombs, auprès de son « père; son corps fut apporté à Notre-Dame de « Rouen, *auprès de son grand-père.* » Or, on sait que le tombeau contigu à celui-ci est incontestablement le tombeau de Louis de Brézé.

« L'an de Notre Seigneur 1465 », disent les registres capitulaires de la Cathédrale, « le « mardi 23 juillet, Messieurs du Chapitre déli-

« bérèrent touchant l'endroit où serait inhumé
« le corps de noble et puissant homme messire
« de Brézé, chevalier, en son vivant sénéchal
« de Normandie, seigneur de Maulevrier, baron
« du Bec-Crépin. En considération de notre
« seigneur le Roi, du seigneur sénéchal lui-
« même et de ses nobles parents, il fut décidé
« que le corps dudit seigneur sénéchal serait
« inhumé dans la chapelle de la bienheureuse
« Vierge Marie, derrière le chœur, au côté
« gauche. »

Cette délibération reçut son exécution trois jours après : « Le vendredi 26 juillet », disent les mêmes registres, « fut inhumé dans la chapelle
« de la bienheureuse Marie, du côté gauche,
« à la cinquième heure de relevée, le corps
« de noble et puissant homme messire Pierre
« de Brézé, chevalier, en son vivant grand
« sénéchal de Normandie, capitaine de Rouen,
« baron du Bec-Crépin, seigneur de Maulevrier.
« Lequel corps avait été apporté, par la Seine,
« du château de Montlhéry au-delà de Paris.
« Après qu'il eut été déposé sur le quai, Mes-
« sieurs du Chapitre l'allèrent chercher avec la

« croix, et accompagnés d'une énorme quantité
« de peuple de l'un et de l'autre sexe[1]. »

On ne sait point si l'érection du tombeau suivit immédiatement la sépulture. Il est bien présumable toutefois que le monument que nous admirons aujourd'hui ne tarda pas à s'élever sur le corps de Pierre de Brézé. En effet, Jeanne du Bec-Crépin sa veuve, et Jacques de Brézé son fils, s'étaient empressés de rendre un pieux

---

[1] « *Anno domini 1465, die martis 23ª julii Domini concluserunt* « *pro loco sepulturæ corporis nobilis et potentis viri domini* « *Petri de Brezé militis, dum viveret senescalli Normanniæ,* « *domini temporalis de Maulevrier, baronis de Becco Crespini* « *et quod contemplatione domini nostri Regis et ipsius domini* « *senescalli et suorum nobilium parentorum corpus ipsius do-* « *mini senescalli inhumabitur in capellâ Beatæ Mariæ Virginis* « *retrò chorum in parte sinistra.* »

. . . .

« *Eodem anno 1465, die veneris 26ª julii fuit inhumatum* « *in capellâ Beatæ Mariæ in parte sinistrâ de releveia horâ* « *quintâ corpus nobilis et potentis viri domini Petri de Brezé* « *militis, dum viveret magni senescalli Normanniæ, capitanei* « *Rothomag., baronis de Becco Crespini et domini temporalis* « *de Maulevrier, quod quidem corpus fuerat asportatum a* « *castro de Montlehery ultrà Parisius per Sequanam, et devento* « *corpore supra caya, Domini de capitulo perrexerunt cum* « *cruce quæsitum corpus; ubi adfuit maxima quantitas populi* « *utriusque sexûs.* »

hommage à sa mémoire, en fondant pour lui, dans la Cathédrale, un service solennel qui devait être célébré le 16 juillet, jour commémoratif de la bataille de Montlhéry [1]. Nul doute qu'ils n'aient mis le même empressement à décorer d'un monument funéraire le lieu de sa sépulture. Jeanne du Bec-Crépin voulut même que sa cendre fût réunie à celle de son mari. Ce vœu touchant reçut son exécution. L'inscription suivante, que j'emprunte au même manuscrit qui m'a fourni l'inscription du tombeau de l'archevêque Maurice (*voir* page 48), en est la preuve :

HIC JACENT
D. PETRUS DE BRÉZÉ DOM. DE LA VARENNE
DE BRISSAC, COMES DE MAULEVRIER
MAGNUS NORMANNIÆ SENESCALLUS
OCCISUS IN PUGNA MONTIS LETHERICI
ANNO M. CCCC. LXV.
ET EJUS UXOR JOHANNA DU BEC CRESPIN
FILIA GUILLELMI DU BEC CRESPIN DOM.
DE MAUNY D'ANGERVILLE.

---

[1] Ce service continua à être célébré jusque dans le dernier siècle. Les obituaires de la Cathédrale en font foi.

Ici gisent messire Pierre de Brézé, seigneur de la Varenne, de Brissac, comte de Maulevrier, grand sénéchal de Normandie, tué à la bataille de Montlhéry l'an 1465, et sa femme Jeanne du Bec-Crépin, fille de Guillaume du Bec-Crépin, seigneur de Mauny et d'Augerville.

Cette épitaphe, qui était placée, dit le manuscrit, *au-dessus de l'ancien tombeau de Brézé*, a disparu.

Pierre de Brézé naquit en Anjou, vers le commencement du xve siècle. Il entra de bonne heure dans la carrière militaire. Contemporain et compagnon d'armes des Dunois et des Saintrailles, il se fit remarquer même à côté de ces preux capitaines. Leur égal en vaillance, il les surpassa par l'étendue et l'agrément de son esprit : tous les historiens s'accordent à vanter son mérite.

Usant du privilége qu'ont les ames fortes sur les ames faibles, Pierre de Brézé gouverna l'esprit de Charles VII. Il passait pour son favori et son premier ministre à l'époque où le dauphin, depuis Louis XI, à la suite d'une vive discussion avec son père, se retira de la cour, et se réfugia en pays étranger. Furieux contre Pierre de Brézé, du fond de sa retraite il le dénonça, mais en vain, à son père et au conseil, comme trahissant le roi et la France; lui reprochant en même temps ses richesses et les nombreuses charges dont il jouissait. L'accusateur, qui savait à quoi s'en tenir, devenu roi, oublia l'accusation, mais ne devait pas oublier sa haine.

Le nom de Pierre de Brézé est cité avec honneur dans nos annales lors de la conquête de la Normandie par Charles VII. Sans parler de ses autres faits d'armes, ce fut lui qui reçut à composition le château d'Harcourt, Gisors, le Château-Gaillard. Aussi, lorsque la ville de Rouen ouvrit enfin ses portes au vainqueur des Anglais en 1449, l'honneur d'y entrer le premier lui fut-il réservé. Charles VII l'en nomma gouverneur. « Sire de la Varenne, lui dit le Roi
« en lui remettant les clefs de la ville, nous re-
« connaissons que toujours vous nous avez servi
« loyalement, et pour ce nous vous baillons ces
« clefs de notre château et cité de Rouen, et
« faisons capitaine; si en faites bonne garde. »

C'est à Pierre de Brézé que l'on doit attribuer en grande partie le succès de la bataille de Formigny. Au moment où il paraissait incertain, le sénéchal de Poitou, rapporte l'Histoire chronologique de Charles VII, « fit descendre « ses gens à pied et frappa si asprement lesdits « Anglois, qu'il les repoussa d'un des bouts « de leur bataille de la longueur de quatre « lances, et ainsi rescouvra deux couleuvrines; « et furent tués deux cents Anglois à cette « rencontre par le moyen dudit sénéchal, mes- « sire Pierre de Brezay qui y acquit grand « honneur. »

Les Anglais avaient enfin disparu du sol de la Normandie. Brézé, accoutumé à se mesurer avec eux, rassemble quelques braves, s'embarque à Honfleur, descend à l'improviste sur la côte d'Angleterre, s'empare de Sandwich, rançonne la ville et se rembarque. Ce trait hardi est de 1457.

Louis XI était monté sur le trône. Il n'aimait pas Brézé. En 1463, il l'envoya en Angleterre à la tête de deux mille hommes, pour soutenir le parti de la reine Marguerite d'Anjou. Peut-être serait-il permis de croire avec Monstrelet, que *c'était pour le mettre à l'adventure.* Quoi qu'il en soit, Brézé se comporta vaillamment ; il s'empara même de plusieurs places. Mais le secours qu'il conduisait était trop faible pour que cette expédition pût avoir des résultats importants; il ne tarda pas à repasser la mer.

L'humeur sombre et difficile de Louis XI, qui glaçait tout d'effroi, n'avait point éteint la gaîté naturelle de Pierre de Brézé. Un jour que ce monarque, si jaloux de son autorité, passait monté sur un mauvais petit bidet : « Voilà le plus fort cheval que j'aie jamais « vu ! » s'écria Brézé. « Et comment cela ? » reprit le prince. « C'est qu'il porte le Roi et « tout son conseil. » Ce mot était connu, mais peu de personnes savent de quelle bouche il était sorti.

Cependant les grands du royaume, que notre antique histoire nous montre, presque à chaque nouveau règne, s'efforçant de secouer le joug de l'autorité souveraine, ayant mis les princes du sang à leur tête, et forts de l'appui du duc de Bourgogne, avaient levé l'étendart de la révolte. Ils s'intitulaient la Ligue du bien public [1]. Brézé resta fidèle à la bannière royale. Les princes voulaient fermer au roi l'entrée de Paris; les deux armées en vinrent aux mains, le 16 juillet 1465, à quelques lieues de la capitale, près du château de Montlhéry, qui donna son nom à la bataille. Pierre de Brézé y tomba au premier rang, de la mort des braves. C'était lui qui avait engagé le combat, ainsi que le rapporte Philippe de Comines, dont nous transcrivons ici le curieux récit, sans rien changer à son vieux style si naïf :

« Cependant le Roy eust conseil avec le comte
« du Maine et le grand sénéschal de Normandie,
« qui s'appeloit de Brézey, l'admiral de France
« qui estoit de la maison de Mautauban et autres :
« et en conclusion (quelque chose qui luy fut
« dite et opinée) il délibera de ne combattre
« point : mais seulement de se mettre dedans
« Paris, sans soy approcher de là où les Bour-

[1] J'ai découvert dans les archives du département de la Seine-Inférieure un des originaux de ce pacte politique. C'est une des pièces les plus curieuses que possède ce riche dépôt public.

« guignons estoient logez. Et à mon advis que
« son opinion étoit bonne. Il se soupçonnoit de
« ce grand séneschal de Normandie : et luy
« demanda, et pria qu'il luy dist s'il avoit baillé
« son sellé aux princes qui estoient contre luy,
« ou non. A quoy ledit grand séneschal res-
« pondit que ouy : mais qu'il leur demeureroit
« et que le corps seroit sien : et le dit en gau-
« dissant ; car ainsi estoit il accoustumé de
« parler. Le Roy s'en contenta : il luy bailla la
« charge de conduire son avant-garde, et aussi
« les Guides : pource qu'il vouloit éviter cette
« bataille, comme dit est. Ledit grand sénes-
« chal, usant de volonté, dit alors à quelqu'un
« de ses privez : je les mettray aujourd'huy
« si près l'un de l'autre, qu'il sera bien habile
« qui les pourra desmeler, et ainsi le fit il : et
« le premier homme qui y mourut ce fut luy
« et ses gens : et ces paroles m'a contées le
« Roy : car pour lors j'estoye avec le comte de
« Charolois. »

Il est impossible de douter de la véracité de
ce récit; mais comment croire à la trahison
reprochée à Pierre de Brézé par le soupçonneux

Louis XI ? Est-ce bien là le langage et l'action d'un traître? Pour tromper on peut quelquefois mentir, mais on ne meurt pas. Repoussons donc un soupçon injurieux que rien ne justifie; ne craignons pas de jeter quelques fleurs sur la cendre d'un brave ; et recommandons le tombeau que lui a élevé la piété conjugale au respect de la génération présente et à celui des âges à venir.

TOMBEAU
DE
GEORGES D'AMBOISE.

✤

« S'il plaît à Messieurs du Chapitre, ils feront mettre
« mon corps devant Nostre-Dame, en la grande chapelle,
« où sont enterrés mes prédécesseurs ; et, pour faire
« ma tombe, je ordonne deux mille écus au soleil, et
« je entends qu'elle soit de marbre. »

(*Testament de Georges d'Amboise.*)

✤

TOMBEAU
DE
Georges d'Amboise.

Dans le tombeau que nous venons de décrire se fait remarquer le premier passage du style gothique au style dit de la renaissance; c'est un mélange des deux architectures, bien que le style gothique domine. Ici, il a presque entièrement disparu; l'ancienne architecture a fait place à la nouvelle; mais, comme dans tous les temps d'essai et de transition, la main de l'artiste s'est montrée timide et embarrassée. On sent que les souvenirs de l'ancienne école le poursuivaient encore.

Aussi, malgré la richesse extraordinaire de ce mausolée, malgré le fini de son exécution, le cède-t-il peut-être, sous le rapport du style, aux deux tombeaux placés en regard et qui décorent avec lui la chapelle de la Vierge. Qu'on ne croie pas toutefois que nous cherchions à affaiblir le mérite de ce morceau d'architecture, un des plus remarquables de ceux que nous ait légués cette époque du XVIe siècle, où les arts se réveillèrent avec tant d'éclat. Son admirable conservation, la rareté de monuments du même genre, lui donnent encore un nouveau prix aux yeux des amis des arts. Il n'existe certainement pas en France un tombeau de la même époque qui, sous le rapport de la richesse et du travail, puisse rivaliser avec lui. Je passe à sa description.

Entre deux piliers latéraux, s'étend un vaste soubassement orné de pilastres et de niches avec statues. Il supporte une table en marbre noir, sur laquelle les deux figures principales sont représentées à genoux, de grandeur un peu au-dessus de nature. Ces figures se détachent sur un fond richement décoré de caissons et de sculptures. Une espèce de dais en vous-

Tombeau de Georges d'Amboise.

sure s'élève au-dessus de la tête des deux personnages. Il est couronné par un entablement que surmonte un attique chargé de tourelles et de corbeilles en clochetons; le tout accompagné de figurines.

Tel est l'ensemble de la composition de ce tombeau, qui présente un développement de dix-huit pieds en largeur, sur une hauteur de vingt-quatre pieds environ. Toutes les richesses de la sculpture ont été prodiguées pour l'embellir. On dirait qu'elle a pris à tâche de ne pas laisser une place où son ciseau ne se soit arrêté; c'est le luxe de l'art.

Revenons sur ses différentes parties; elles méritent un examen particulier.

Soubassement.

Cette partie, qui forme le sarcophage du tombeau, repose sur une première assise en pierre, de sept pouces de hauteur. Au-dessus règne une assise en marbre noir : tout le reste est de marbre blanc.

Sept pilastres couverts d'arabesques, que terminent des petites figures de moines en prière, divisent l'entablement par parties égales. Ces pilastres sont couronnés d'autant de consoles en saillie, sur lesquelles on a sculpté un cartouche soutenu par des aigles et par des êtres fantastiques à figure humaine. Entre les sept pilastres, s'arrondissent six niches à caissons, où sont assises six charmantes petites statues ayant trois pieds de hauteur environ. Elles représentent, par allusion au mort, des vertus théologales, ainsi que l'indiquent les inscriptions latines, gravées en lettres d'or, qui sont superposées : ce sont, en commençant par la gauche, la Foi, la Charité, la Prudence, la Tempérance, la Force d'ame, et la Justice.

1re **Statue.** — Fides, la Foi.

Elle tient un livre dans sa main droite, un calice dans la gauche. Cette délicieuse figure porte le riche costume du commencement du XVIe siècle; sa tête est couverte de la mante.

2e **Statue.** — Caritas, la Charité.

Les attributs de cette figure ont été brisés, mais on voit, par ce qui en reste, qu'elle portait une croix d'une main et un cœur de l'autre. Il faut remarquer sa coiffure à réseau, ses boucles d'oreille à roue avec une grosse perle pendante au milieu, et sa ceinture ornée de perles enchaînées. Le style de cette figure est un peu maniéré.

3ᵉ **Statue.** — PRUDENTIA, LA PRUDENCE.

Charmante statue. Le moelleux de la chevelure est surtout remarquable. Manches à crevés, manteau retenu par un cordon sur la poitrine, robe coupée carrément par-devant. Attributs : flambeau dans la main droite, compas dans la main gauche.

4ᵉ **Statue.** — TEMPERENCIA, LA TEMPÉRANCE.

Elle tient une horloge dans la main gauche[1], dans la droite, par allégorie, un frein. Son front est ceint d'un riche bandeau orné de perles. La tête et la poitrine sont couvertes. Il faut admirer le travail de la tunique.

---

[1] Le cadran de cette horloge est divisé en vingt-quatre heures, suivant l'usage de l'époque.

5ᵉ Statue. — Fortitudo, la Force d'ame.

Elle est représentée sous la figure d'un guerrier casqué et cuirassé, qui saisit par le cou un dragon, qu'il arrache du fort où il s'est réfugié[1]. C'est l'image du triomphe de la vertu sur le vice.

6ᵉ Statue. — Justicia, la Justice.

Cette jolie statue rappelle, pour le faire et pour le costume, la troisième, celle de la Prudence. Elle soutient, d'une main, le livre de la loi, sur lequel est tracée une balance; elle porte le glaive nu dans l'autre.

Toutes ces figures se font remarquer par le fini et la délicatesse du travail, quelques-unes

---

[1] On retrouve cette même figure allégorique au tombeau de François II duc de Bretagne, de l'église des Carmes de Nantes. On y voit également la Tempérance avec l'horloge et le frein, la Justice portant l'épée et le livre avec les balances, et la Prudence armée du compas. Ces quatre figures occupent, debout, les quatre coins du mausolée. Lobineau, dans son Histoire de Bretagne (t. 1ᵉʳ, p. 831), nous apprend qu'on travaillait à ce tombeau en 1507.

par la grâce et la pureté du dessin. Elles sont en beau marbre blanc.

Épitaphes.

Au-dessus de l'entablement, et portée par les consoles de ses pilastres, s'étend la tablette du tombeau. Elle est en marbre noir, et de deux morceaux, qui ont chacun huit pieds de haut sur trois pieds et demi de large et sept pouces environ d'épaisseur. L'inscription suivante est gravée sur la tranche, en lettres d'or :

PASTOR. ERAM. CLERI. POPULI. PATER. AUREA. SESE.
LILIA. SUBDEBANT. QUERCUS. ET. IPSA. MICHI.
MORTUUS. EN. JACEO. MORTE. EXTINGUNTUR. HONORES.
AT. VIRTUS. MORTIS. NESCIA. MORTE. VIRET.

Ces quatre vers ne forment qu'une seule ligne. Chaque mot est séparé par un point, ainsi que nous l'avons indiqué. On peut les traduire ainsi :

J'étais le pasteur du clergé, le père du peuple. Les lys d'or, le chêne lui-même, m'étaient soumis¹. Voici que je suis étendu sans vie : les honneurs disparaissent avec la mort ; mais la vertu, qui ne connait point la mort, fleurit avec elle.

Du temps de Pommeraye et de Farin, on voyait deux autres inscriptions sur le tombeau, sans qu'il soit trop possible d'assigner aujourd'hui la place qu'elles y occupaient. Voici la première. Elle est sous forme de dialogue entre la France et un voyageur :

VIATOR.

QUID TUMULUS? QUID PULLA VOLUNT ALTARIA? QUIDVE, GALLIA, FUNEBRES INDUIS ALMA TOGAS?

GALLIA.

SPES MEA DISPERDIT! CECIDIT MEA SOLA VOLUPTAS, CARDINEI CŒTUS FIRMA COLUMNA RUIT!

VIATOR.

QUIS, PRECOR?

---

¹ Le poëte, par la bouche du prélat, fait allusion à l'influence que Georges d'Amboise exerça à la cour de France et sur celle de Rome. Le lys représente la première, le chêne, le pape Jules II, dont le nom de famille *Rovere*, signifie *chêne*.

DE GEORGES D'AMBOISE.

GALLIA.

AN NESCIS? PROLES AMBASIA, PRÆSUL
ROTOMAGI, SPLENDOR, PALMA, TRIUMPHUS, HONOR!
LEGATUS GALLIS; DIADEMA GEORGIUS ORBIS
SPREVIT, SANCTA PUTANS SCEPTRA NEFAS EMERE!
LILIGER, HOC DUCE, REX; AQUILAS COLUBRESQUE SUBEGIT;
FULVAQUE DE VENETO TERGA LEONE TULIT.
EJUS ET AUSPICIIS STATUENS HAC URBE SENATUM,
REX PIUS, ET LEGES ET NOVA JURA DEDIT.
QUID REMOROR? PERIERE FIDES, PAX, GLORIA, VIRTUS,
JUSTICIÆ COLUMEN, VEL PIETATIS AMOR!

VIATOR.

PONE TUOS LUCTUS, NAM SIDERA SPIRITUS IMPLET
FAMA VIROS, CINERES (PIGNUS AMORIS) HABES.
SPIRITUS E CŒLIS POPULI PIA VOTA SECUNDAT,
EXCOLITO CINERES, GALLIA LÆTA, PIOS!

GALLIA.

THURA DABO, ET LÆTO REDOLENTIA BALSAMA VULTU
INQUE SUAS LAUDES NOSTRA MINERVA CANET.

TRADUCTION.

LE VOYAGEUR.

Quel est ce tombeau? Pourquoi ces autels en deuil? Et toi, France, d'où vient que tu as revêtu tes habits funèbres?

TOMBEAU

LA FRANCE.

Elle n'est plus mon espérance ! elle est tombée ma seule félicité ! la colonne du cardinalat s'est écroulée.

LE VOYAGEUR.

Et qui est-ce, je te prie ?

LA FRANCE.

Quoi ! tu l'ignores ? C'est d'Amboise, l'archevêque, la lumière, la palme, le triomphe, l'honneur de Rouen. Légat dans les Gaules, Georges dédaigna le diadème du monde, persuadé que c'est un crime d'acheter le sceptre pontifical. Par lui, le roi des lys a mis sous ses pieds l'aigle et la couleuvre ; il a fait tourner le dos au lion de Venise. Sous ses auspices, un roi pieux a doté cette ville d'un sénat et lui a donné des droits et des lois nouvelles. Mais pourquoi continuer ? la foi, la paix, la gloire, la vertu, l'appui de la justice, le bien-aimé de la piété ne sont plus !

LE VOYAGEUR.

Suspends tes pleurs. Son ame est dans les cieux, son nom dans toutes les bouches, et tu possèdes sa cendre, vrai gage d'amour. Du haut du ciel, son ame seconde les vœux ardents du peuple. Heureuse France, veille sur ses restes sacrés !

Voici la seconde épitaphe, qui a dû être placée long-temps après celle que nous venons de rapporter, puisqu'elle s'applique également à Georges d'Amboise II, qui ne fut enseveli dans le tombeau de son oncle que quarante ans après lui.

AMBASIUS GALLI LAUS PRIMA GEORGIUS ORBIS,
    MORTUUS, HOC PARIO MARMORE SUBTEGITUR.
GALLIA EUM COLUIT VIVENTEM, ET NEUSTRIA FUNCTUM,
    GALLIA ET EFFUNCTUM NEUSTRIA MŒSTA GEMUNT!
GALLIA LEGATUM, RECTOREM NEUSTRIA LUGET,
    PRIMATEMQUE OMNES, PUBLICA DAMNA, DOLENT.
CARDINEA HEU VULTU REVERENTIA PRODIT AMOREM!
    POMPA ABIIT; CECIDIT PONTIFICALIS HONOS.
ROTHOMAGI ILLE GRAVIS, DEFUNCTO AUCTORE, SENATUS
    CONQUERITUR, COMITEM, REX LODOICE, GEMIS!
GALLIO MARMOREUS, CAMPANA, AURATAQUE TECTA
    EXPRESSI QUÆDAM SIGNA DOLORIS HABENT.
RELLIGIO, PIETAS, MISERATIO, FŒDERA PACIS,
    QUA SITIIT VIVENS, INTERIERE SIMUL.
IS COLLEGIT OPES ET AMICOS, LIQUIT AMICOS,
    LIQUIT OPES, TUMULO DAT PIA THURA NEPOS.
QUI VIVENS PATRUO VIRTUTE ET HONORE PARENTANS,
    CUM PATRUO FUNCTUS SAXA SUB ISTA JACET.
DIC, HOSPES, PIA VERBA, ET, SI TIBI CONSULIS, AMPLUM
    HIC PROPRIÆ EXEMPLAR CONDITIONIS HABE.

TRADUCTION.

Georges d'Amboise, l'honneur de la France, est étendu sans vie sous ce marbre de Paros. La France le vénéra vivant, la Normandie dans l'exercice de ses fonctions; la France et la Normandie en deuil le regrettent mort. La France pleure son légat, la Normandie son pasteur, tous (deuil public!) pleurent leur primat. Ses traits vénérables expriment encore son amour, mais la pompe a disparu, les honneurs pontificaux sont tombés. Le sénat de Rouen verse des pleurs sur son fondateur, le roi Louis sur son compagnon. Gaillon tout de marbre, la cloche[1], les lambris dorés, expriment leur douleur. Religion, piété, charité, saints nœuds de la paix, vous qu'il portait vivant dans son cœur, vous avez péri avec lui. Il avait amassé des richesses, des amis; amis, richesses, il a tout laissé; voilà que son neveu brûle un pieux encens sur sa tombe. Uni avec lui d'honneur, de vertu, par les liens du sang, son neveu repose avec lui sous la même pierre. Passant, prie pour eux, et, si tu fais un retour sur toi-même, pèse en ton esprit cet exemple éclatant de ta propre destinée.

[1] L'ancienne cloche de la Cathédrale de Rouen, appelée *Georges d'Amboise*, du nom du donataire.

Pl. VII

Langlois grav. Monum. Del. & Sc.

Georges d'Amboise.
d'après la Statue de son Mausolée.

Figures principales.

La première statue, à la gauche du spectateur, représente le célèbre Georges d'Amboise Ier, archevêque de Rouen et ministre de Louis XII, mort à Lyon le 25 mai 1510, auquel ce tombeau fut élevé. Le prélat, en costume de cardinal, est à genoux et en prières, les mains jointes, le visage tourné à l'orient. La tête, pleine de dignité et d'expression, est d'une exécution admirable. (Planche VII.) Le reste ne semble pas traité avec la même perfection, et pourrait bien ne pas être de la même main. La statue, ainsi que le coussin sur lequel elle pose, sont en albâtre.

Il paraît que, dans l'origine, cette figure était seule et occupait le centre de la tablette du sarcophage (on aperçoit encore la trace des crampons qui l'y retenaient); aussi la première inscription que je viens de rapporter est-elle uniquement relative au personnage qu'elle représente, à Georges d'Amboise Ier, et ne parle-t-elle point de Georges d'Amboise II son neveu, dont la figure, dans le même costume et la même pose que celle de son oncle, se voit derrière celle-ci. Ce ne fut que plus tard que Georges d'Amboise II, à la piété duquel nous devons ce beau monument, y fit placer sa propre image, voulant que la tombe de son oncle et prédécesseur devînt aussi la sienne : cette figure était en costume d'archevêque; mais Georges d'Amboise II ayant depuis été nommé cardinal (en 1545), voulut qu'on en substituât une autre avec les insignes de sa nouvelle dignité. C'est cette seconde statue que nous voyons encore aujourd'hui. Elle est en marbre blanc. La disparition de la première doit exciter de bien vifs regrets, car elle sortait d'un ciseau justement fameux, celui de Jean Goujon, comme nous le dirons plus loin : la statue actuelle est d'une exécution lourde et sans esprit.

Niche et Voussure.

Le fond sur lequel se détachent les figures des deux cardinaux, est chargé d'ornements et de sculptures : il n'est pas une place qui ne soit travaillée. La partie inférieure est divisée par de courts pilastres, qui rappellent ceux du soubassement. Les panneaux intermédiaires étaient ornés d'écussons aux armes d'Amboise; ils ont disparu en 1793. Au-dessus, et à la partie centrale, on voit un bas-relief de trois pieds en carré environ, représentant le patron des cardinaux d'Amboise, saint Georges, armé et à cheval, terrassant et perçant de sa lance le dragon. Une femme en prières et un berger gardant ses brebis complètent le tableau. Ce joli bas-relief est en albâtre. A droite et à gauche sont rangées, dans autant de niches, six statuettes, qui sont couronnées de larges coquilles dorées. Elles représentent, en commençant par la gauche :

1re. Un évêque ou archevêque.

2e. La sainte Vierge tenant l'enfant Jésus dans ses bras. Jolie tête de femme: cheveux et ornements dorés.

3e. Saint Jean-Baptiste, ou Jésus, portant l'agneau. Pose heureuse et belles draperies.

4e. Saint Romain conduisant le dragon en laisse.

5e. Personnage saint revêtu d'un cilice.

6e. Archevêque donnant sa bénédiction.

L'or était prodigué sur toutes ces figures.

Sur la même ligne, aux deux extrémités opposées, contre les piliers formant arc-boutants, sont deux statuettes d'archevêques, surmontées de dais artistement travaillés à jour. Au-dessous de celle de gauche était une figure d'Espérance, comme l'indique l'inscription qui existe encore ; au-dessous de celle de droite se voit une charmante figure de la Virginité, tenant un lys d'une main, un livre d'heures de l'autre. Ces deux figurines sont comme coupées en deux par la tablette du sarcophage, qui aura été placée après coup.

Au-dessus du bas-relief et des six premières petites statues s'élève et s'arrondit une riche voussure à caissons, qui se termine par trois pendentifs à jour. Toute cette partie est couverte de dorures, qui brillent sur un fond, bleu dans l'origine, mais qui a passé au vert avec le temps. Elle est surmontée d'une jolie frise à rinceaux entremêlés d'oiseaux et de génies.

Attique et Couronnement.

L'attique est divisé par des pilastres en six niches qui sont entrecoupées de cinq plus petites, et de sept, si on veut compter celles des deux pilastres latéraux. Dans les six niches principales sont assis, deux à deux, les apôtres, reconnaissables à leurs attributs. Des figures de prophètes occupent les petites niches intermédiaires.

D'élégantes tourelles à jour, au centre desquelles sont placées des figurines, couronnent l'attique. Ces tourelles sont entremêlées de petits pinacles également à jour, et travaillés avec non moins de délicatesse. Ils sont accompagnés de petits anges qui tiennent à leur main une guirlande suspendue, à laquelle est attaché un cartouche. Ces cartouches sont au nombre de six, et portent le nom de Georges d'Amboise.

Nous ne terminerons pas la description de ce magnifique mausolée sans faire remarquer que toute sa partie inférieure, celle qui forme comme le sarcophage, est en marbre, et que tout le reste, à partir de la tablette sur laquelle sont agenouillés les deux cardinaux, est en albâtre.

Par une fatalité qu'on ne saurait trop déplorer, le nom des auteurs de la presque totalité des monuments en tout genre que nous ont légués l'antiquité ou le moyen âge est resté inconnu. Nous ne nous chargerons pas d'en expliquer les causes; c'est un fait malheureux que nous nous contentons de signaler. Pour ne parler que de la Cathédrale de Rouen, cet édifice possède six tombeaux, dont quelques-uns, et celui de Georges d'Amboise particulièrement, n'ont jamais dû cesser de fixer l'attention et n'appartiennent pas à une époque bien reculée, et cependant il serait impossible de demander à la tradition ou aux nombreux ouvrages qui ont paru sur la ville de Rouen, le nom d'un seul des artistes qui ont travaillé à ces précieux monuments. Jusqu'à ce jour tout était muet. D'heureuses investigations dans les anciennes archives de la Cathédrale m'ont mis à même de pouvoir réparer pour le mausolée qui nous occupe en ce moment le silence de nos devanciers; mais c'est une bonne fortune qu'il ne m'a pas été permis d'étendre aux autres tombeaux. Tout ce qu'on savait sur celui de Georges d'Amboise se bornait à la simple indication suivante : que ce mausolée avait été posé l'an 1522, et que l'on avait été sept ans à y travailler sans discontinuation [1]. Encore n'est-elle pas parfaitement exacte.

Le cardinal d'Amboise était mort à Lyon, le 25 mai 1510. Son corps fut transporté à Rouen, et inhumé, le 29 juin, dans la chapelle de la Vierge de l'église cathédrale [2].

---

[1] D. Pommeraye, *Histoire de l'Église cathédrale de Rouen*, page 52.

[2] D'après un ancien usage consacré pour les archevêques de Rouen, son corps, avant d'être inhumé dans la Cathédrale, fut porté à l'église de Saint-Ouen, où il resta exposé un jour entier. Le doyen de la Cathédrale, en remettant le corps à l'abbé de Saint-Ouen, prononçait : *ecce*, voici; l'abbé répondait : *est hic ?* est-il là ? Alors le doyen remettait à l'abbé l'anneau de l'archevêque; en même temps il plaçait sa main dans le cercueil et ajoutait : « Vous nous l'avez donné vivant, le voici mort »; faisant allusion à ce que, d'après un autre usage, les archevêques de Rouen étaient sacrés dans l'église de Saint-Ouen. Le

Par un article de son testament ce prélat avait demandé à y être enterré :

« S'il plait à Messieurs du Chapitre, y est-il « dit, ils feront mettre mon corps devant « Nostre-Dame, en la grande chapelle, où sont « enterrés mes prédécesseurs; et pour faire ma « tombe, je ordonne deux mille écus au soleil[1], « et je entends qu'elle soit de marbre. »

Les héritiers du cardinal ne mirent pas, à ce qu'il paraît, un grand empressement à exécuter la volonté du testateur, car, trois ans après, en 1513, les membres du Chapitre se plaignaient qu'un mausolée n'eût pas encore été élevé à leur ancien archevêque[2]. Trois autres années s'écoulèrent encore avant qu'on y mît la première main. Dans l'intervalle, le plan du tombeau avait été soumis au Chapitre, qui, après plusieurs délibérations et un long examen, en adopta la disposition. Je vois, par les registres capitulaires et par les comptes de la maison

---

lendemain, le clergé de la Cathédrale venait chercher le corps, qui lui était rendu.

[1] L'écu dit *au soleil* valait 2 livres à cette époque.
[2] Registres capitulaires, *passim*.

d'Amboise, auxquels j'emprunte les détails qui vont suivre, que la famille avait eu l'intention de dresser le tombeau dans une chapelle particulière, qui eût été liée à celle de la Vierge, du côté du nord. Cette chapelle se fût étendue sur le terrain du manoir archiépiscopal; mais le Chapitre s'opposa à ce projet, comme devant nuire à la beauté et à la régularité de l'édifice principal.

Le cardinal d'Amboise avait employé, en 1508, aux constructions du château de Gaillon, un nommé Pierre Valence, architecte, ou, pour me servir de l'expression du temps, maître maçon de la ville de Tours. Le talent dont il avait fait preuve avait fait jeter les yeux sur lui pour l'érection du tombeau du prélat. On envoya à Tours un exprès, *pour avoir son oppinion sur le faict de la d. sépulture et pour sçavoir s'il voudroit entreprendre l'ouvrage d'icelle avec ses compagnons.* On ne dit point ce qui l'empêcha d'accepter. A son défaut, le *maître maçon* de la cathédrale de Rouen, Roullant Le Roux, en fut chargé. C'est à cet artiste que nous devons la composition du magnifique mausolée que je viens de décrire ; ce fut lui qui en dressa le plan et qui en suivit l'exécution [1]. Il reçut pour ses honoraires, en deux paiements, quarante écus au soleil, soit quatre-vingts livres du temps.

Bien qu'on eût commencé, dès l'année 1516[2], à rassembler, et à préparer dans l'atelier les matériaux qui devaient entrer dans la composition du tombeau, la première pierre n'en fut posée que quatre ans après. Voici ce que je lis dans les comptes du trésorier du cardinal d'Amboise II :

Juin 1520. « Par le commandement de mon-
« seigneur faict à moy verbalement, pour l'as-
« siette de la première pierre de la sépulture
« de feu monssieur le legat que Dieu absolve
« fut donné auxdits machons.... L^s. »

Dès le milieu de l'année 1521 la masse du

---

[1] On doit au même Roullant Le Roux le porche principal de la façade de la Cathédrale de Rouen, et le dernier étage en pierre de la tour qui portait la flèche du même édifice. Les registres manuscrits de la Cathédrale en font foi.

[2] Tout l'albâtre nécessaire à la confection du mausolée fut acheté, cette année-là, d'un marchand de Dieppe nommé Duvanrosay. Il lui fut payé au taux de 4 livres ts. le pied carré. La fourniture s'éleva à 817 livres 10 sous.

tombeau et des sculptures était en place; mais ce ne fut que le 3 janvier 1525 que les statuaires y mirent la dernière main.

De 1520 à 1521, il y eut jusqu'à dix-huit maçons ou tailleurs de pierre employés. Ce nombre descendit successivement à quatre. Ils étaient payés à raison de cinq sous par jour. Les sculpteurs, autrement dits *ymaginiers*, dont le nombre varia de huit à deux, recevaient entre six sous et demi et sept sous et demi. Un seul d'entre eux, sans doute comme leur chef si ce n'est comme le plus habile, avait vingt sous par jour pour lui et son serviteur. Il s'appelait Pierre Desaubeaulx et était né à Rouen. On nomme après lui Regnaud Therouyn, Jean Chaillou, André Le Flament, Mathieu Laignel, et Jehan (Jean) de Rouen. Ce dernier n'est cité qu'une seule fois et comme ayant ébauché une statue.

Pierre Desaubeaulx[1], Regnaud Therouyn et

---

[1] *Aliàs* Desobeaulx. Cet artiste fut employé à la décoration du porche de la Cathédrale. On doit à son ciseau une assez grande partie des figures qui l'embellissent et particulièrement le bas-relief généalogique de l'arbre de Jessé, qui occupe

André Le Flament reparaissent dans tous les comptes jusqu'à la fin du travail. Mathieu Laignel et Jean Chaillou avaient été remerciés antérieurement. Les ouvriers étant tous payés, d'après les registres, à la journée et non à la pièce, on ne trouve malheureusement pas dans les comptes la désignation des morceaux de sculpture sortis de leur ciseau respectif. Cependant, d'après quelques indications et la comparaison que j'ai pu faire avec d'autres sculptures connues, il paraît certain qu'on doit attribuer spécialement à Pierre Desaubeaulx les figures d'apôtres de la partie supérieure, et à Regnault Therouyn et André Le Flament les jolies figures de la base.

Deux peintres de Rouen, qui avaient déployé leur talent dans la décoration du château de Gaillon, en 1508 et 1509, Richard Duhay et Léonard Feschal furent chargés de la peinture du tombeau, moyennant cent quatre-vingts livres tournois. Le 8 juin 1521 ils

---

le fronton de la porte principale. Ce morceau de sculpture lui fut payé cinq cents livres, somme considérable pour le temps.

donnaient quittance finale pour le marché qui avait été passé avec eux[1].

En examinant ce mausolée tout entier recouvert de sculptures sur un si vaste développement, et où le luxe de l'art le dispute à la richesse de la matière, on est naturellement porté à croire qu'il a dû coûter une somme énorme. Le fait est (ce qui ne laissera pas d'étonner, même en calculant la différence comparative de l'argent), qu'elle n'atteignit pas sept mille livres du

---

[1] Voici la traduction de cette pièce, que j'ai découverte dans nos archives ; elle est rédigée en latin :

« Constitués Richard Dubay et Léonard Feschal, peintres, « ont reconnu et confessé avec reçu et eu de vénérable homme « maître Pierre Roussel, trésorier de reverentissime monsieur « l'archevêque de Rouen, absent, la somme de trente livres « tournois, pour la peinture et dorure et le parfait paiement « du premier marché montant à la somme de cent quatre-vingts « livres tournois; et ce, pour la sépulture de feu reverentissime « de bonne mémoire monsieur le légat, en son vivant archevêque de Rouen, laquelle sépulture a été élevée et établie « dans l'église de Rouen. Sur quoi, ils ont promis, comme « chacun d'eux promet, tenir quitte ledit reverentissime sieur, « de ladite somme de trente livres tournois restant dudit premier marché, et n'avoir plus rien à répéter à l'avenir. Donné « l'an de Notre Seigneur mil cinq cent vingt et un, le huitième « jour du mois de juin, en présence de maître Jean de Beaunay « et Louis Moynet, témoins des précédents. »

temps, tout compris. Voici le relevé de la dépense, année par année, fait d'après les comptes originaux; ils ne laissent aucun doute à cet égard :

1515—1516............	69 l.	2 s.	2 d.
1516—1517............	1397	17	3
1517—1518............	577	4	»
1518—1519............	1087	18	1
1519—1520............	1824	3	1
1520—1521............	1287	2	»
1521—1522............	402	18	5
1522—1523............	»	»	»
1523—1524............	99	12	10
1524—1525............	26	18	6
	6772 l.	16 s.	4 d.
Pour peinture et dorure..	180	»	»
Total....	6952 l.	16 s.	4 d.

Dans ce compte sont compris, non-seulement la paye des ouvriers, mais encore l'achat des matériaux et les autres menues dépenses : il embrasse les plus petits détails.

Dans l'origine, ainsi que je l'ai indiqué plus haut, le cénotaphe ne portait que la statue de

Georges d'Amboise I. Elle était accompagnée d'anges pleurants. Georges d'Amboise II, de 1541 à 1542, les fit enlever afin de pouvoir placer sa statue à côté de celle de son oncle. Il avait confié l'exécution de ce morceau de sculpture au fameux Jean Goujon, qui reçut trente livres pour son travail. C'est ce qu'on voit dans le compte de 1541—1542, qui s'exprime ainsi :

« A Jean Goujon tailleur de pierre et mas-
« son[1] pour faire la teste du prians et sepulture
« de monseig' et pour parfaire et asseoir icelle
« en sa place ou elle doibt demourer par le
« marché de vi° april et par ses quittances,
« xxx L^s. »

Le cardinal d'Amboise II était représenté en costume d'archevêque. Trois ans après, ayant été promu au cardinalat, il ordonna, par son testament fait le 24 août 1550, veille de sa mort[2], que l'on substituât à sa statue une autre

---

[1] On se tromperait en regardant comme une injure faite à la mémoire de ce célèbre statuaire, l'épithète de tailleur de pierre et celle de maçon qui lui sont ici appliquées. Elles équivalaient alors à celles de sculpteur et d'architecte.

[2] Ce testament est conservé en original dans les archives du

figure en costume de cardinal, ce qui fut exécuté. C'est à ce sentiment de vanité, si peu excusable surtout au moment où il fut inspiré, que nous devons la perte de la précieuse sculpture due au ciseau de Jean Goujon. Une statue lourde et maussade remplaça l'œuvre du Phidias français.

Les restes des deux cardinaux d'Amboise n'avaient pas été renfermés dans le corps même du tombeau, mais dans un petit caveau creusé au pied du monument, et qui était recouvert d'une grande dalle en marbre noir incrustée de marbre blanc. Ils y reposaient dans des cercueils de plomb; mais, en 1793, sans respect

---

département. J'en extrais le passage relatif au vœu exprimé par Georges d'Amboise II :

« Voullons nostre corps estre inhumé en nostre église de
« Rouen en la chapelle Nostre-Dame au lieu et soubz la tombe
« et sépulture de marbre noir de feu de bonne mémoire mon-
« seigneur le legat d'Amboise que Dieu absolve nostre oncle
« et predecesseur archevesque de ladite avec telles obseques
« et funérailles que sera advisé estre honeste et raisonnables
« par nos executeurs cy apres nommez et pour ce *que nostre*
« *portreture de priant qui est de present pres celle dudict feu*
« *legat nest que en habit d'archevesque nous voullons que au*
« *lieu dicelle en soyt mise une aultre de marbre ou de albastre*
« *portant habit de cardinal.* »

pour la mémoire de ces deux bienfaiteurs de la ville de Rouen, leur dernière demeure fut violée et les cercueils enlevés. Le même sort fut réservé aux cendres de deux autres archevêques, François de Harlay[1] et Claude d'Aubigné, qui avaient été déposées dans le même caveau, la première en 1653, la seconde en 1719. De nos jours on y a placé le corps du cardinal Cambacérès, archevêque de Rouen, frère de l'archichancelier.

La place de Georges d'Amboise est marquée depuis long-temps dans l'histoire. Il y joue un rôle trop important et trop connu pour que nous énumérions ici les titres qui recommandent sa mémoire à l'attention de la postérité. Bornons-nous à rappeler succinctement ceux qu'il s'est acquis, ainsi que son neveu, à la reconnaissance des Normands. Tous deux, amis des arts et attachés de cœur à la Normandie, se plurent à la doter de monuments et à l'enrichir de leurs dons. La ville de Rouen, et plus particulièrement sa cathédrale, eurent part à leurs bienfaits.

[1] Il était petit-neveu des cardinaux d'Amboise.

Sans parler des ornements et des meubles sacerdotaux en tout genre que Georges d'Amboise I plaça dans le trésor de son église métropolitaine, et dont quelques-uns étaient de la plus rare magnificence, ce fut lui qui fit fondre la fameuse cloche appelée, de son nom, *Georges d'Amboise*, qui fut descendue de la tour de Beurre et brisée en 1793; ce fut lui qui fit achever cette même tour de Beurre, commencée sous son prédécesseur Robert de Croismare, et qui embellit la façade de la Cathédrale de ce portail si riche et si élégant. La ville de Rouen lui doit encore une partie de ses fontaines, son Palais de justice, monument inachevé, mais qui, malgré son imperfection, fait l'admiration des connaisseurs, et l'hôtel dit *Bureau des finances*, dont la riche décoration ne le cède en rien à celle de ce dernier palais. Mais ces monuments furent laissés loin derrière eux par le château de Gaillon[1]. Là fut déployé tout ce que les arts

---

[1] J'ai retrouvé dans les anciens registres manuscrits des cardinaux d'Amboise tous les comptes de la dépense de ce magnifique château ; je me propose de les publier un jour.

avaient à cette époque de plus riche, de plus merveilleux. La renommée de cet admirable palais lui a survécu et est appelée à lui survivre long-temps encore.

Georges d'Amboise II se montra non moins libéral que son oncle et protecteur aussi éclairé des talents. Sans parler du mausolée élevé par ses soins et à ses dépens à la mémoire et sur la cendre de ce dernier, la belle flèche en bois de la Cathédrale, due au génie de Robert Becquet, l'ancienne balustrade en cuivre du chœur, le couronnement de la chapelle de la Vierge, et tant d'autres ouvrages, déposeraient au besoin de sa sollicitude pour l'embellissement de son église et de son amour pour les arts.

TOMBEAU

DE

LOUIS DE BRÉZÉ.

✦

. . . .
Et dans ces grands tombeaux où leurs ames hautaines
    Font encore les vaines,
  Ils sont mangés des vers.

                    (MALHERBE.)

✦

TOMBEAU
DE
Louis de Brézé.

Lorsque Roullant Le Roux traçait le plan du tombeau de Georges d'Amboise, l'architecture gothique avait déjà fait place à l'architecture nouvelle, dite de la renaissance; mais, bien qu'elle eût cédé le pas à sa rivale, elle se faisait encore sentir sous le crayon et sous le ciseau novateur de l'artiste, tant cette architecture gothique si hardie, si élégante, si féconde, et consacrée par tant de siècles, conservait encore d'empire.

Mais c'était là son dernier soupir. Quinze ans s'étaient à peine écoulés, elle avait disparu pour toujours. Nous en trouvons la preuve dans le mausolée que nous avons sous les yeux. Là déjà, plus de mélange; l'imitation du style antique brille pure et entière : une nouvelle ère avait commencé pour les arts.

Ce mausolée appartient à Louis de Brézé, grand sénéchal et gouverneur de Normandie, petit-fils de Pierre de Brézé, et mari de la célèbre Diane de Poitiers, mort au château d'Anet le 23 juillet 1531. Sa veuve le lui fit ériger.

Ce monument, un des plus beaux ouvrages du XVIe siècle, de cette époque où les arts brillèrent d'un si vif éclat, est tout entier en albâtre et en marbre noir, et rehaussé d'or[1]. Il présente un développement de plus de vingt-trois pieds en hauteur, sur dix de large

---

[1] Le marbre blanc, malgré l'assertion de tous ceux qui l'ont décrit jusqu'à ce jour, n'entre pour rien dans sa composition. La plinthe, le sarcophage, le fût des colonnes, les entablements, les corniches sont en marbre noir; tout le reste, compris les statues, est en albâtre.

environ[1]. Au premier coup d'œil, on est frappé de la richesse et de l'élégance de cette belle composition; un examen approfondi ne fait qu'ajouter à cette première impression.

Sur une plinthe, qui lui sert comme de première assise, pose un sarcophage en marbre noir, dont le coffre, à larges cannelures, s'évase vers le pied. La tablette qui le recouvre, et dont la tranche offre ces mots, gravés en lettres d'or,

Misericordes oculos ad nos converte,

Tourne vers moi tes yeux miséricordieux,

porte une statue en albâtre représentant Louis de Brézé mort. Le personnage est nu et étendu sur un linceul, les pieds tournés à l'orient. Le bras droit pend le long du corps; le gauche est ramené sur la poitrine. La tête, légèrement

---

[1] Du pavé à l'architrave des colonnes on compte, 8 p. 1 p. 0 l.
De l'architrave des colonnes à l'attique ou chef, 11 9 »
Pour le chef 3 5 6

Total de la hauteur . . . 23 p. 4 p. » l.

inclinée en arrière comme pour trouver un point d'appui, est à demi coiffée du linceul. La mort est peinte sur la face, mais la mort déjà vieille : le renfoncement des yeux, la dépression des muscles, l'affaissement de la chair, tout annonce un état voisin de la putréfaction. Il serait difficile de voir rien de plus vrai et de plus expressif. Il règne dans toute cette admirable figure une science si profonde d'anatomie, un sentiment si naïf, une telle morbidesse enfin, qu'on serait tenté de croire, si on ne savait à quel degré de perfection s'était élevé l'art du statuaire à cette époque, qu'elle a été exécutée d'après un moule pris sur nature[1]. Comment ne s'est-on pas senti arrêté en osant porter la main sur ce chef-d'œuvre de l'art? Il n'est presque pas une de ses parties qui ne porte la trace du couteau. Honte aux sots et aux barbares qui l'ont stigmatisé de leur nom !

En se penchant un peu sur le sarcophage,

---

[1] La petitesse des proportions de la statue achèverait de faire repousser cette idée, s'il était nécessaire. En effet, sa longueur ne dépasse pas quatre pieds neuf pouces.

Tombeau de Louis de Brézé.

derrière la statue même, on aperçoit un dé en pierre qui servait autrefois de piédestal à une seconde statue de Louis de Brézé, mais qui le représentait vivant et debout, avec ses insignes, le collier de l'ordre au cou, la couronne de comte sur la tête. Cette statue a été enlevée, après avoir été brisée probablement en 1793, à cause des attributs qui la décoraient. A côté de la tête du personnage étaient écrits, en lettres d'or, dans un tillet, ces mots adressés à la vierge :

**Suscipe preces
Virgo benigna.**

Reçois mes prières, Vierge bénigne.

On peut les lire encore aujourd'hui.

Aux deux côtés du cercueil s'élèvent en avant-corps, sur un socle en albâtre, deux colonnes accouplées d'ordre corinthien[1], auxquelles

---

[1] Le fût des colonnes est cannelé et en marbre noir; les chapiteaux et la base sont en albâtre. Le fût a quatre pieds six pouces de long sur six pouces de diamètre; les chapiteaux ont huit pouces de hauteur, la base quatre.

correspondent en arrière-corps deux pilastres semblables. Dans l'intervalle qui les sépare on voit (côté gauche) la statue de Diane de Poitiers en habit de veuve, agenouillée et en prière, les mains croisées sur la poitrine. Cette figure, d'un dessin médiocre et lourd, est loin d'approcher, pour le style et pour l'exécution, de la statue couchée du cercueil ; elle ne peut appartenir au même ciseau. Je serais plus porté à attribuer à la main qui a figuré Diane de Poitiers la statue qui lui fait face dans l'entre-colonnement de droite, bien que cette dernière figure soit supérieure à celle-là sous le rapport du dessin. Cette statue, également en albâtre, comme toutes celles, au surplus, qui décorent ce beau mausolée, représente une femme richement vêtue, qui porte un petit enfant nu dans ses bras.

On s'est long-temps demandé quelle avait été l'intention du statuaire en plaçant là ce groupe, et qui il avait voulu figurer. Les uns, poursuivis de l'idée plus ingénieuse que vraisemblable que l'artiste avait eu l'intention de montrer sur son monument Louis de Brézé aux différents âges de sa vie, ont voulu le voir là enfant dans les bras de sa nourrice. Les autres ont prétendu que c'était Diane de Poitiers qui présentait au mort son fils, (le sculpteur a en effet figuré un enfant du sexe masculin); mais ils n'ont oublié qu'une chose, c'est que Louis de Brézé n'avait eu que des filles [1] et point de fils.

Un historien de la Cathédrale [2], en nous révélant une circonstance particulière qui devait prendre sa source dans un fait contemporain, a tranché, ce me semble, la question. Il raconte que, de son temps, le peuple de Rouen avait une grande vénération pour cette statue; qu'il lui offrait des cierges, des chapelets, des images, etc., et lui adressait des prières *comme à la reine du ciel*. Ainsi, ce serait la Vierge portant l'enfant Jésus que nous verrions ici. Qu'on remarque, en effet, avec nous que la

---

[1] Elles étaient deux. L'une épousa Claude de Lorraine, duc d'Aumale; l'autre, Robert Delamarck, seigneur de Sedan et de Bouillon.

[2] Dom Pommeraye.

figure de Brézé mort et celle qui était en habit de comte étaient tournées vers elle, et que cette double prière semblait sortir de leur bouche :

Suscipe preces, virgo benigna,
Reçois mes prières, Vierge bénigne.

Misericordes oculos ad nos converte,
Tourne vers moi tes yeux miséricordieux.

Pour achever de lever tous les doutes, nous ferons remarquer l'analogie complète qui existe entre cette statue et la figure en plomb de la Vierge qui est placée sur le faîte de la chapelle même de la Vierge[1], tant sous le rapport de la composition du groupe que sous celui du caractère et du costume de la figure

---

[1] Les registres manuscrits de la Cathédrale nous apprennent que cette figure en plomb fut faite en 1540, par un *ymaginier* de Rouen, nommé Nicolas Quesnel. On lui paya vingt livres pour la façon. Tout porte à croire que l'architecte du tombeau aura employé cet artiste et lui aura confié l'exécution de la statue de la Vierge et de celle de Diane de Poitiers en regard, qui paraissent toutes deux sortir de la même main. (*Voir ci-après*, p. 127, note.)

principale; la ressemblance est frappante. Il y a plus, le faire et le dessin en sont tellement identiques, que nous n'hésitons pas à attribuer l'exécution de ces deux morceaux au même artiste.

Derrière le groupe de la Vierge, entre les pilastres du fond, est une charmante statuette d'ange, malheureusement mutilée, qui tient un écusson à la main. Il en existe une semblable au côté opposé, derrière la statue de Diane de Poitiers. Ces deux morceaux sont du dessin le plus gracieux et le plus pur.

La portion du tombeau que nous venons de décrire est couronnée par un entablement sur lequel se dessine une jolie frise ornée de têtes, ou masques, d'où partent des festons en fruitages, sur lesquels posent des oiseaux délicatement travaillés : de chaque masque pend un tillet, dont la suite offre cette devise tracée en lettres d'or :

Tant grate chevre que mal giste,

qui rappellerait, dit-on, un vieux proverbe emblématique de la mort et du tombeau. Il est certain, dans tous les cas, que cette devise était celle de Louis de Brézé, comme on le verra plus bas dans la description de la cérémonie de ses funérailles. Elle aura dû naissance à quelque circonstance particulière de famille qui n'est point arrivée jusqu'à nous.

L'étage supérieur ou second ordre du mausolée se compose d'une arcade semi-circulaire, sous laquelle est placée la statue équestre de Louis de Brézé. De chaque côté règne un avant-corps soutenu par des cariatides, qui font répétition avec les colonnes inférieures. Ces cariatides, au nombre de quatre, groupées deux à deux, supportent l'entablement au moyen de corbeilles chargées de fruits qui sont placées sur leur tête. Elles représentent des personnages allégoriques, comme l'indiquent les devises. Ce sont, en commençant par la gauche :

La Victoire, avec l'inscription :

𝕮um triumpho
𝖁ivit.

La Foi[1] :

> **Fidelis
> Semper.**

La Prudence :

> **Prudens omni
> Tempore.**

Et la Gloire, avec cette devise :

> **Mortuus
> Cum gloria.**

Ces cariatides ont cinq pieds de haut, compris les corbeilles. Le ton extrêmement prononcé de l'albâtre pourrait faire croire qu'elles ont été peintes. Il est certain du moins qu'elles ont été rehaussées de dorure dans plusieurs de leurs parties. Ces statues, bien qu'offrant quelque chose d'un peu sec et d'anguleux, surtout dans les extrémités, n'en sont pas moins des morceaux très remarquables de sculpture. Elles ne le

---

[1] Cette figure est la seule qui porte un emblème qui la rende reconnaissable, les mains entrelacées. Elle a perdu un bras, ainsi que celle qui lui est accouplée.

cèdent, pour la grâce et la fierté du dessin, à aucune de celles qui embellissent cet admirable tombeau.

Revenons à la statue équestre.

Après l'avoir représenté mort et nu, puis vivant orné des marques de ses dignités, l'artiste a voulu montrer Louis de Brézé en guerrier, car il avait servi et combattu sous quatre rois, comme le dit son épitaphe. Aussi l'a-t-il figuré armé de toutes pièces, l'épée à la main, et monté sur son cheval de bataille. Les accessoires du fond semblent indiquer qu'il est en pleine campagne et qu'il va marcher à l'ennemi. La tête est couverte du heaume garni de plumes. La visière, à demi relevée, laisse apercevoir une partie du visage; tout le reste du corps est enfermé sous le fer : cuirasse, brassards, gantelets, cuissots, grèves, soulerets, rien ne manque à l'accoutrement militaire. Sur la cuirasse flotte la cotte d'armes ornée de l'écusson du guerrier. Le cheval est armé du chanfrein à tasseaux de fer et de son garde-cou. Des bardes et des flancois de cuir, sur lesquels étaient tracés en or l'écu et le chiffre de Brézé, garnissent le corps de l'animal; des plumes voltigent sur sa tête. Le cheval, malgré quelques imperfections de dessin, marche et est bien dans le mouvement. L'homme est parfaitement assis dessus.

La voussure de l'arcade sous laquelle ils sont placés est ornée de caissons portant le monogramme du mort enlacé de palmes. En dehors, dans les angles de l'archivolte, sont deux jolies figures de renommées, tenant une palme d'une main, une couronne de l'autre. Au-dessus règne sur toute la ligne du tombeau une frise composée de vases, entre lesquels sont des renommées couronnant des griffons, le tout d'un goût exquis, d'un dessin délicieux.

Le couronnement du mausolée, ou, pour nous servir de l'expression ancienne, le chef de l'œuvre se compose, au centre, d'une espèce de tabernacle à ailerons flanqué de colonnes doriques, qui sont accompagnées de figures de chérubins. Dans la niche du tabernacle est assise une femme ailée. L'entablement porte cette inscription :

In virtute tabernaculum ejus,

Dans la vertu est son tabernacle.

Cette figure est évidemment allégorique, à ne regarder que le serpent qui est roulé autour de son bras, le glaive nu sur lequel elle s'appuie, le buisson d'épines qui lui sert de siége, et surtout le frein qu'elle a dans la bouche. A-t-on voulu, par allusion aux vertus du mort, représenter, sous un quadruple emblème, la Prudence, la Justice, la Patience, la Tempérance, ou peut-être encore, sous une allégorie collective, la Force d'ame? C'est ce que je laisse à décider à ceux qui seraient tentés d'étudier cette singulière figure.

Aux deux extrémités du chef s'élèvent des acrotères sur lesquels sont placées des chèvres debout[1], qui soutiennent des écussons ornés du chiffre L B enlacé de palmes[2]. On reconnaît là la chèvre de la devise.

Nous ne nous arrêterons pas à faire ressortir l'élégance et la richesse de cette composition.

---

[1] Et non des lions, comme l'ont dit Dom Pommeraye et ses copistes.

[2] Voir la lettre initiale placée en tête de la description de ce tombeau.

Nous ferons remarquer seulement (parce que cette observation n'a point été faite, ce nous semble) avec quelle adresse l'artiste a su placer et réunir dans un cadre aussi étroit neuf figures presque aussi fortes que nature, et dont une équestre, sans qu'il en résulte la moindre confusion, le moindre embarras, et même sans qu'aucune des lignes d'architecture se trouve brisée ou interrompue. C'était une difficulté dont il s'est tiré avec autant d'habileté que de bonheur.

Il ne nous reste plus qu'à parler des deux épitaphes, que nous n'avions fait que mentionner plus haut. Elles complèteront la description de ce tombeau.

Au-dessus de la statue couchée du cénotaphe on voyait, encastrées dans le panneau du fond, deux tablettes en marbre noir, qu'encadrent des cartouches à fruitages. Ces tablettes, qui portaient des inscriptions, avaient été enlevées en 1793. Celle de gauche, qui fut conservée et remise en place par feu M. Riaux, membre de la Commission des antiquités du département, contient ce qui suit, gravé en lettres d'or :

> Loys de Bresze en son vivant chevalier
> de lordre premier chambellan du roy
> Grand seneschal lieutenant general
> et gouverneur po' led. s'. en ses pays et
> duche de normendie Capitaine de cent
> gentilz hommes de la maison dud¹. s'. et de
> cent hommes darmes de ses ordonnances
> Capitaine de Rouen et de Caen. Conte
> de maulevrier Baron de mauny et du
> bec crespin Seigne' chastellain de Nogent
> le roy. Ennet. Breval et monchauvet.
> Apres avoir vescu par le cours de la natu
> re en ce monde en vertu jusques a laa
> ge de LXXII ans la mort la faict mectre
> en ce tombeau pour retourner vivre
> perpetuellement. Lequel deceda le dy-
> mence XXIII° jour de juillet mil v°°. XXXI ¹.

On voit qu'on a cherché à ne passer sous silence aucun des titres de Louis de Brézé. Il en est un pourtant qu'on a omis dans cette longue nomenclature, et c'est probablement le

---

¹ Cette épitaphe n'a point été relevée exactement par les divers historiens de la Cathédrale ; nous la rétablissons ici dans sa pureté.

seul qui ait sauvé son nom de l'oubli; le voici : mari de Diane de Poitiers.

La seconde tablette, qui était placée dans le panneau de droite, a disparu pour toujours. On y lisait les vers suivants :

> Dedens le corps que ce blanc marbre serre,
> jadis le ciel pour embellir la terre
> transmpst le choys des illustres esprits,
> lequel au corps feist tant d'honne^r acquerre,
> qu'en temps de paix et furieuse guerre,
> soubz quatre Roys [1] il emporta le prix.
> le souverain pour son partage a pris
> ceste noble ame, et la terre a repris
> le corps ja vieu : mais quand a sa gloire ample,
> pour ce quelle est de vertu decoree :
> aux bons françoys est ici demouree,
> pour leur servir de memorable exemple [2].

Un peu au-dessus de la première de ces inscriptions, dans l'angle gauche du panneau,

---

[1] Charles VII, Louis XI, Charles VIII et Louis XII.
[2] Il serait facile de restituer cette inscription. Nous croyons être l'interprète de tous les amis des arts et des antiquités normandes en exprimant ici le vœu formel de la voir rétablir.

et comme sortant de la bouche de la statue qui représente Diane de Poitiers, sont gravés en lettres d'or ces quatre vers latins :

HOC LODOICE TIBI POSUIT BREZÆE SEPULCHRUM
PICTONIS AMISSO MŒSTA DIANA VIRO.
INDIVULSA TIBI QUONDAM ET FIDISSIMA CONJUX
UT FUIT IN THALAMO SIC ERIT IN TUMULO.

O Louis de Brézé, Diane de Poitiers désolée de la mort de son mari t'a élevé ce sépulcre. Elle te fut inséparable et très fidèle épouse dans le lit conjugal; elle te le sera de même dans le tombeau.

« La duchesse de Valentinois disait vrai; « elle fut aussi fidèle dans un cas que dans « l'autre », dit le spirituel auteur du *Précis de l'Histoire de Rouen* [1]. Il n'est pas le seul qui, à l'occasion de ces vers, ait décoché son épigramme contre la pauvre Diane de Poitiers. Il n'est pas jusqu'au père Pommeraye, si toutefois on doit entendre malice dans la naïve réflexion

---

[1] Diane de Poitiers ne fut point enterrée dans la Cathédrale, mais à Anet.

de ce bon religieux, qui ne se soit mis de la partie : « *cela se trouva véritable*, dit-il, *mais dans un sens opposé.* » Toutefois, pour tempérer un peu l'ardeur de nos malins esprits (qu'il nous soit permis de rompre ici une lance en faveur de la belle Diane), nous ferons observer que ce ne fut que huit ou neuf années après la mort de son mari qu'elle devint la maîtresse de Henri II. Il y a, à coup sûr, bien des femmes qui n'attendent pas si longtemps.

On ne sait, sur le beau tombeau que nous venons de décrire, que ce que nous apprennent les inscriptions qui y sont gravées. A part le nom de celui dont il renferme la cendre, et le nom de la femme célèbre qui l'éleva à sa mémoire, tout le reste à peu près est tombé dans l'oubli. L'examen des registres capitulaires de la Cathédrale nous a néanmoins révélé une circonstance, c'est que, bien que Louis de Brézé fût mort le 23 juillet 1531 et eût été inhumé au bout de quelques jours, le mausolée que nous admirons aujourd'hui n'était point encore commencé quatre ans après. Le

27 mars 1535, Diane de Poitiers faisait savoir au chapitre, « qu'elle voulait fonder un obit « et une messe pour l'ame de son mari, et « qu'elle était résolue de lui ériger un tombeau « dans la Cathédrale, ce qu'elle n'avait pu ef- « fectuer, ajoutait-elle, jusqu'à ce jour, en « ayant été empêchée par un grand nombre « d'autres affaires[1]. »

Pour ceux qui seraient disposés à commenter la dernière phrase de la missive de Diane, et qui voudraient trouver dans ses royales amours ces graves affaires qui l'avaient empêchée de penser à son mari, disons que ce ne fut que plus de cinq années après l'époque où elle écrivait ces mots qu'elle partagea la couche de Henri II.

La résolution exprimée par Diane de Poitiers doit porter à croire qu'elle ne tarda pas à la mettre à exécution. On peut donc, sans craindre de s'éloigner de la vérité, assigner à l'année

---

[1] « ..... *Necnon sepultura ejusdem defuncti construi et erigi « facere in ecclesia, quod hucusque complere nequivit multis « aliis perpedita negociis.* »   (Regist. capit.)

1535 ou à celles qui la suivirent immédiatement, le commencement de la construction du tombeau[1]. Le nom de l'artiste auquel elle en confia l'exécution n'est point parvenu jusqu'à nous.

M. Alexandre Lenoir, ancien conservateur du Musée des monuments français, dont l'opinion en pareille matière ne laisse pas que d'être imposante, veut reconnaître la main de Jean Cousin dans les sculptures qui l'embellissent; mais aucun document, aucune indication particulière ne vient à l'appui de cette opinion. Quant à ceux qui, avec plus de vraisemblance, selon nous, seraient portés à l'attribuer à un artiste non moins célèbre, à Jean Goujon, nous leur fournirons une arme en rappelant que nous avons constaté, d'après des actes authentiques, la présence de ce grand artiste à Rouen à une époque qui coïncide avec celle que nous assignons à l'érection du tombeau de Louis de

---

[1] Il est constant qu'il était terminé en 1544; un manuscrit sur Rouen, qui date de cette année-là, rapporte les inscriptions du mausolée.

Brézé. Nous avons même donné la preuve qu'il avait travaillé pour la Cathédrale[1].

Entre autres ouvrages exécutés à Rouen, Jean Goujon avait fait, pour la fabrique de Saint-Maclou, deux colonnes en marbre noir et en albâtre, qui soutiennent le buffet d'orgue de cette église. Lorsque je fis la découverte de ce document dans les anciens comptes de la fabrique[2], et que mon attention se fût natu-

---

[1] Je lis dans les comptes manuscrits de la fabrique, sous les années 1540—1541 :

« A maistre Jean Gouyon pour les portraictz du portail et de « la fontaine paie pour ce VI l. XV s., par mand^t de mons^r Rome « Jouxte la quittance. »

Voir aussi page 97, à l'article du tombeau de Georges d'Amboise.

[2] Voici ce qu'on y trouve :

« Le XXIIe de may V^{cc} XLI paie a maistre Jehan Gougon « cinquante sept solz six deniers pour avoir faict ung pourtraict « dune coulompne et ung pied destalle pour servir aus d^s orgues « pour ce. . . . . LVII s. VI d.

Et, plus loin, toujours sous la même année :

« Le IXe jour d'aoust marche a este faict avecque le d. Gougon « pour faire et asseoir deux coulonnes de marbre dont les « chapitaulx et la basse seront de marbre blanc et la verge « et pie destalle de marbre noir de Tournay et doibt avoir led.

rellement reportée sur ces deux colonnes, que j'avais souvent remarquées, je fus frappé de l'extrême ressemblance, de l'air de famille, si je puis m'exprimer ainsi, qu'elles avaient avec

« Gougon pour les d. deux coulonnes et fondements soixante dix escus soleil sur quoy luy a este baille comptant un pleige de mons' de la Rivière sur le d. marche le nombre de trente cinq escus sol vaillantz soixante dix huyt livres quinze solz pour ce. . . . . LXXVIII l. XV s.

« Donne aud. Gougon pour son vin. . . » V s.

Je trouve encore deux autres articles relatifs à ce célèbre artiste. On sait si peu de chose sur les travaux de Jean Goujon, qu'on nous saura gré sans doute de donner ici ces détails :

« 1541. Donne à maistre Jehan Gougon pour sa peine davoir faict deux pourtraictz pour faire une custode pour porter le corps de Nostre Seigneur pour ce paic. . . XXVI s. VIII d.

Même date : « Paic a maistre Jehan Gougon la somme de trente solz ts pour avoir faict le deviz de paindre les orgues pour ce. . . . . XXX s. »

A l'époque où Jean Goujon travaillait pour Saint-Maclou, le sculpteur Nicolas Quesnel, dont nous avons parlé plus haut (p. 112), y exerçait son talent sous les yeux et pour ainsi dire sous la direction de J. Goujon, ce qui rend plus probable encore la coopération de cet artiste rouennais dans le travail du tombeau de Louis de Brézé.

Nous ferons remarquer que, dans les différentes pièces que nous avons parcourues, le nom de Jean Goujon est écrit indifféremment par un *j* ou par un *g*, mais beaucoup plus souvent de cette dernière manière. Une seule fois il est écrit *Gouyon*.

celles du tombeau de Louis de Brézé. Proportions, chapiteaux, profils de la base et du socle, choix et mélange des matières, tout était semblable. Il n'est pas jusqu'à la distribution des dorures qui ne fût identique : il était impossible de ne pas reconnaître la même main. Je fis part de ma réflexion à mon savant confrère M. E.-H. Langlois, qui, de son côté, sans nous être communiqués, avait été conduit à faire la même observation. Aurions-nous donc, par l'effet d'un simple hasard, levé le voile qui dérobait depuis si long-temps à l'admiration des amis des arts le nom de l'artiste qui créa ce chef-d'œuvre, et qui, dédaignant d'y graver son nom, n'y laissa que le sceau de son génie? Si on admet ma conjecture, Jean Goujon aurait été chargé par Diane de Poitiers de faire le tombeau de son mari. Cet artiste en aurait tracé le plan et l'aurait exécuté lui-même, comme il fit pour les colonnes de Saint-Maclou. Non moins habile statuaire que savant architecte, il aura terminé quelques-unes des sculptures, et notamment, sans doute, la belle figure couchée du cénotaphe, qui, par la science et la beauté du dessin, n'est point indigne du ciseau de ce grand maitre[1].

Les historiens de la Cathédrale nous ont conservé le récit des cérémonies observées aux obsèques de Louis de Brézé. Cette relation est trop étendue pour que nous la transcrivions ici en entier; mais nous ne pouvons résister au désir d'en extraire les passages suivants, qui nous ont paru aussi curieux que piquants. Nous les empruntons à un manuscrit de l'époque[2] :

. . . . « Après venoient
« les coursiers et dextriers de lescurie dud.
« feu s^r dont il y en avoit sept tous couvertz
« de drap noir a une croix de drap blanc sur
« lesquels estoient sept gentilz hōmes vestus
« en deul.

« Le premier portoit ung estandart de ta-
« phetas au couleurs dud^t feu s^r qui sont

---

[1] On sait que Jean Goujon fut employé au château d'Anet par Diane de Poitiers, ce qui peut ajouter un nouveau poids à l'opinion que nous émettons ici.

[2] Nous devons à la complaisance de M. Edouard Frère, libraire distingué de cette ville, la communication de ce manuscrit, qui s'arrête à l'année 1544.

« jaaune, noir, et rouge. Ou estoit figuree une
« saincte barbe et une chievre avec des *e e e*
« qui signifie Breze et avoit en escript : tant
« grate chievre que mal gist[1].

« Le second portoit ung aultre estandart
« semblable au premier.

« Le tiers portoit ung aultre estandart aux
« couleurs du Roy qui est jaune, rouge, et
« violet ou estoit figure ung s^t michel une
« sallemandre et ung soleil. Et estoit lestendart
« des cent gentilz hōmes de chez le Roy.

« Le quart portoit ung carreau de velours
« noir sur lequel estoit son espee dharmes
« dont la croix et pōmeau estoient dorees et
« le fourreau et scainture estoient de satin pers
« semes de croix dor faicte de brouderie. Et
« la bouterolle du fourreau et blougue de la
« scainture estoient dargent.

« Le quint portoit au bout dun baston son
« heaulme dore et garni de plumes au couleurs
« dud. deff^t. et au timbre estoit ung leon dore

---

[1] La chèvre et la devise se retrouvent sur le tombeau, ainsi que nous l'avons dit en le décrivant.

« a deux aisles auxquelles aisles estoit painct
« les armes dud. s^r.

« Le vi^e portoit ung guidon aux coulleurs
« dud. s^r ou estoit painct les armes dud. s^r
« deff^t.

« Le viie portoit la cotte darmes dud. s^r
« deff^t laquelle estoit de velours pers ou
« estoient en brouderie les armes dud. s^r tant
« devant que derriere que sur les avant bras.

. . . .

« Apres venoient quatre desd. coursiers. . . .
« le quatriesme estoit le coursier darmes dud.
« s^r couvert comme les trois aultres mene et
« conduit par deux enfans dhonneur. . . . . . .
« dont l'un portoit les esperons dorees dud.
« s^r et l'aultre les ganteletz. Et estoient les
« estriefz dud. cheval dorees.

. . . .

« Apres venoit le corps dud. deff^t. dedens
« ung coffre lequel coffre estoit couvert dun
« drap de satin cramoisi broude et sur led.
« drap estoit leffigie dud. s^r pourtraicte au plus
« pres du viff que faire on peult laquelle effigie
« estoit vestue de une robe de drap dargent

9.

« bordee de brouderie ung souliers de velours
« noir ungs gandz broudees une tocque de ve-
« lours noir sur laquelle estoit le chappeau de
« conte qui estoit faict de grosses perles orien-
« talles et autour de son col estoit le colier de
« coquilles que on dict le collier de lordre [1] et
« estoit porte le coffre et effigie par douze
« hōmes quatre chevaliers quatre prevostz et

[1] La même chose avait eu lieu lors des obsèques du cardinal d'Amboise I : on avait placé l'effigie de ce prélat sur son catafalque. Voici ce que je lis dans un manuscrit du temps :

« ... Et estoient led. deff^t faict au plus pres du vif en habit de
« archevesque ses mains joinctes, a gans violetz garnis de aneaux,
« les ceudolles au piedz. Aux deulx costees deulx aureilletz sur
« lesquels estoient son chappeau de cardinal et une crose. Et
« a ses piedz estoit debout sa croix. Et estoit led. feu legat
« tout plat couché sur ung grand drap dor de quatre lez de
« large et quatre aulnes de long a une croix de damas blanc
« aux armes dud. s^r bordé de veloux noir et bien richement
« acoustré. »

L'usage de porter l'effigie du mort aux obsèques remonte à une époque assez reculée. Quelquefois on faisait choix d'un homme vivant, qu'on recouvrait des habillements et de l'armure du défunt, pour le représenter. C'est ainsi qu'on trouve, dans les comptes de la maison de Polignac, cités par D. Vaissette, dans son Histoire de Languedoc, qu'on donna, en 1300, cinq sous à un nommé Blaise, pour avoir fait le chevalier mort aux funérailles d'un Jean de Polignac.

« quatre barons. Et portoient les quatre cornetz
« du drap etc.

. . . .

« Les vigilles dictes pour prendre le congé
« les gentilz hōmes qui portoient les estandartz
« guydon cotte darmes heaulme et esperons,
« les meirent devant luy sur la sepulture du
« Roy¹ et vindrent baiser leffigie. Apres lescuier
« trenchant le vint baiser et mettre ses cous-
« teaulx aupres de luy.

« Apres son barbier luy vint manier les che-
« veulx et mettre son peigne aupres de luy et
« le baiser. Et finallement le maistre dhostel
« luy meist son baston aupres de luy et le
« baiser.

. . . .

« Le lendemain sabmedy xix⁰ jour daoust
« endᵗ. an 1531. . . . . apres la messe celebree,
« on porta le corps en la fosse qui est à la
« chappelle de la Vierge Marie a la main se-
« nestre aux piedz de son pere grant. Et apres

---

¹ Le tombeau de Charles V.

« que le corps fut a la fosse et que l'arche-
« vesque¹ eust faict les ceremonies quon a
« acoustumé de faire et que il fut parti, le
« maistre dhostel dud. seigneur rompit son
« baston sur la fosse en disant mon maistre
« est mort.

« Puis furent gettees dedens la fosse les es-
« tandartz, guydon, cotte darmes, heaulme et
« esperons par les gentilz hõmes qui les por-
« toient. Mais apres furent levees et mises sur
« lautel, et fut mys sur la fosse une tombe² ou
« est figure les armes dud. seigneur dessus.
« Chascun se retira a son logis et les seigneurs
« se retirerent au logis archiepiscopal auquel
« fut faict ung sumptueux bancquet. »

Ce que le manuscrit duquel j'ai extrait cette
relation, et les historiens de la Cathédrale ne
nous apprennent pas, c'est que les chanoines,
arguant d'un ancien usage, *ex ritu et obser-
vantiis*, voulurent s'emparer de tout ce qui

---

¹ Georges d'Amboise II.

² Une pierre plate. C'est peut-être celle qui existe encore
en avant du tombeau, et qui aurait été sculptée à l'avance.

composait la dépouille du corps, ainsi que de la *représentation*. Voici en quoi elle consistait; je copie les termes mêmes du registre capitulaire, qui en donne l'inventaire, et qui m'a fourni ce document :

« En suyvent les ornemens qui estoient
« sur le corps et la representation de feu
« monsseigneur le grant seneschal premiere-
« ment le collier de l'ordre du Roy le manteau
« et le chapperon de lordre une couverture de
« satin cramoisy semee de broderie pardessus
« et deux sarreaulx semblables ung bonnet de
« vellours noir ou il y a une enseigne dor et
« certain nombre de fers dor autour plus ung
« petit bonnet de vellours noir ou il y avoit
« certain nombre de fers dor item ung petit
« scercle de conte garny de plusieurs diamans
« rubis et de perles item un pourpoinct de satin
« cramoisy pourfillé de fil dor plus ung paire de
« chausser noires et ungs soulliers de vellours. »

Les exécuteurs testamentaires de Louis de Brézé, Jean Le Veneur, évêque de Lisieux, et M. de Mathan, s'étant opposés à la réclamation des chanoines, ceux-ci consentirent à laisser à la famille le collier et le chaperon de comte, mais cette concession ne l'ayant pas satisfaite, le clergé fut obligé de se désister de ses prétentions, non toutefois sans obtenir une indemnité en argent. Elle s'éleva, disent les registres capitulaires, à trois cents écus d'or au soleil, du prix de 44 s. 1 d. tournois : *summam centum scutorum auri ad solem de precio XLIIII s. t. 1 d.* Une nouvelle dispute s'éleva bientôt dans le sein même du clergé, pour savoir qui se partagerait cette somme; une décision capitulaire intervint, qui l'attribua, par égales portions, au Chapitre et à la Fabrique.

Dès l'année 1534 (le 29 août), Diane de Poitiers avait assigné une rente de quarante livres pour une messe solennelle, et une autre de trente-cinq livres pour une messe basse à dire tous les jours pour l'ame de Louis de Brézé. Elle ne cessa de veiller à l'exécution de ce devoir pieux. Et qu'on ne pense pas que le souvenir de son mari l'eût abandonnée après les premiers moments de douleur et dans les pompes de la cour; dix ans s'étaient écoulés depuis la mort de son époux, et elle écrivait aux chanoines de la Cathédrale (les registres capitulaires en font foi) pour leur rappeler les prières qu'ils avaient à dire sur sa cendre. De temps à autre elle réveillait leur zèle par quelque don ; tantôt c'était un riche devant d'autel, tantôt une chappe en drap d'or, une autre fois une tunique à broderies, plus tard une chasuble de velours rouge semée de larmes d'argent. Le 15 décembre de l'année 1558, elle apprend qu'un service solennel a été fait dans la Cathédrale pour M. de Bouillon ; elle envoie de suite son secrétaire, pour supplier le Chapitre d'en faire un tout semblable pour son mari : cette prière est accompagnée du don de cinq écus à partager entre les chapelains et les choristes. Qu'on songe que, à cette époque, elle occupait depuis dix-huit années le lit du monarque, et qu'on dise si la mémoire de Louis de Brézé n'avait pas, à travers les royales amours, laissé quelque trace dans cette ame extraordinaire[1]. Malgré

---

[1] Sous les yeux mêmes de celui que son esprit non moins que ses charmes avait subjugué, elle ne craignit pas de placer un souvenir adressé à l'objet de ses premières affections. On

la générosité de Diane de Poitiers, le clergé de la Cathédrale se lassait encore moins qu'elle. La grande sénéchale (c'est le titre qu'elle portait, concurremment avec celui de duchesse de Valentinois) languissait au lit de la maladie qui devait l'entraîner au tombeau; le Chapitre députa vers elle deux de ses membres, leur enjoignant, disent les registres capitulaires, « de faire visite à madame de Valentinois, de « la saluer de la part du Chapitre pour luy « remettre en mémoire ce quelle avoit il y a

---

sait qu'elle fit graver, au château d'Anet, sur un marbre, les deux vers suivants, qui étaient tracés en lettres d'or :

BREZÆO HÆC STATUIT PERGRATA DIANA MARITO
UT DIUTURNA SUI SINT MONUMENTA VIRI.

Diane reconnaissante a élevé ce monument à Brézé son époux, afin qu'il restât en souvenir durable de lui.

(Voir *Description du Musée des Monuments français*, par M. Alexandre LENOIR, page 146.)

En supposant que ce marbre eût été placé à Anet avant que Henri II y eût remplacé Louis de Brézé, du moins est-il certain que Diane ne permit point qu'on le fit disparaître.

Nous n'ajouterons qu'un mot, c'est que Diane de Poitiers ne cessa de porter toute sa vie le deuil de son mari.

« ja longtemps promis donner à leur église. » Ils la trouvèrent mourante, entourée de ses filles les duchesses d'Aumale et de Bouillon. Diane fit entrer les deux envoyés; elle leur promit de faire encore quelque don à la Cathédrale et se recommanda à leurs prières. Peu de jours après elle avait cessé de vivre.

TOMBES
ET
INSCRIPTIONS DIVERSES.

✢

Aperiam tumulos vestros.

(ÉZÉCHIEL.)

Ejicient ossa regis Juda usque de sepulchris suis.

(SAINT JÉROME.)

✢

TOMBES

ET

Inscriptions diverses.

Il nous reste à parler des tombes plates et des inscriptions diverses qui sont disséminées dans les différentes parties de l'église. Le plus grand nombre de ces pierres tumulaires, foulées depuis tant de siècles sous les pieds des fidèles, ne laisse apercevoir aujourd'hui que des traces à peu près indéchiffrables ; presque toutes, d'ailleurs, ont été déplacées à plusieurs reprises, et ne rappellent qu'un souvenir incertain et confus des sépultures qu'elles indiquaient dans l'origine. « On « a déplacé tant de tombes dans cette église, « dit un des historiens de la Cathédrale, on « en a enlevé un si grand nombre pour en « faire des tables d'autel et d'autres ouvrages, « qu'au milieu de cette confusion il n'est pas « possible de porter un jugement certain[1]. » Nous ne nous arrêterons donc qu'à celles qui, soit par la certitude des indications, soit par la célébrité des noms auxquels elles appartiennent, soit enfin par leur antiquité et le caractère des dessins qui les recouvrent, nous ont paru dignes d'intérêt.

Nous étions placés, il n'y a qu'un instant, dans la chapelle de la Vierge; nous partirons de ce point pour examiner les tombes et les inscriptions, en descendant successivement de cette chapelle, vers les bas-côtés du chœur, puis dans le chœur lui-même, ensuite dans les transepts. Nous terminerons par la nef et ses

---

[1] Toussaint Duplessis, *Description de la Haute-Normandie*, t. II, p. 28.

bas-côtés. Cette marche nous permettra de ne pas revenir sur nos pas.

Chapelle de la Vierge.

Nous avons dit, à l'article du tombeau de Georges d'Amboise, que le corps du cardinal Cambacérès, décédé archevêque de Rouen en 1818, avait été mis dans l'ancienne fosse de ce tombeau. Le marbre tumulaire des cardinaux d'Amboise, qui la recouvrait, fut remplacé, à la même époque, par une vaste dalle en pierre encadrée d'une bande de marbre noir, sur laquelle on lit :

HIC JACET
EMINENTISSIMUS CARDINALIS
STEPHANUS HUBERTUS CAMBACERES
SUCCESSOR
EM. CARD. DE LA ROCHEFOUCAUD
EVECTUS AD SEDEM ARCHIEPISC. ROTOMAG.
VIX SEDATIS
ECCLESIÆ GALLICANÆ PROCELLIS;
HANC TENUIT
ANNOS XVI ET MENSES V.
MUNIFICUS IN HANC BASILICAM
ALTARIA DONIS CUMULAVIT.

PLENUS MERITIS
CLERO, CUJUS FORMA
JUNIORIBUS LEVITIS, QUORUM PATER
EGENIS SUPER QUOS INTELLIGEBAT
TOTO DIŒCESI
OMNIBUS
MEMORIAM VIRTUTUM SUARUM
DERELINQUENS,
SEMINARIO HÆREDE INSTITUTO,
VITA DECESSIT
ANNO MDCCCXVIII.
DIE OCTOBRIS XXV.
QUO FIEBAT
FESTUM SS. PONTIF. ROTOMAG.
ÆTATIS SUÆ LXII.
REQUIESCAT IN PACE.

Hoc animi grati monumentum mœrens capitulum posuit.

Traduction.

Ci-gît très éminent cardinal Etienne-Hubert Cambacérès, successeur de très éminent cardinal De la Rochefoucault. Il fut élevé au siége archiépiscopal de Rouen peu de temps après que les orages de l'église gallicane eussent été dissipés; il l'occupa seize ans et cinq mois. Libéral envers cette basilique, il combla les autels de présents. Plein de mérites, il laissa le souvenir de ses vertus au clergé dont il était le modèle, aux jeunes lévites dont il était le père, aux pauvres dont il était la providence, à tout son diocèse, à tous enfin. Après avoir institué le séminaire son héritier, il sortit de la vie, l'an 1818, le 25 octobre, le jour de la fête des Saints Pontifes de Rouen, à l'âge de 62 ans. Qu'il repose en paix.

Le Chapitre affligé, dans sa reconnaissance, lui a consacré ce monument.

Le peuple de Rouen s'est chargé d'acquitter la dette du Chapitre, en gardant le souvenir du cardinal Cambacérès. Il a sanctionné, par ses regrets, les éloges qui sont donnés à ce prélat dans son épitaphe.

La pierre tumulaire qui avoisine celle du cardinal Cambacérès, est commune à cinq membres d'une même famille, tous anciens dignitaires de la Cathédrale, MM. Nagerel[1] et Le Pigny, comme on le voit d'après l'épitaphe.

[1] Un d'eux, Jean Nagerel, mort en 1570, est l'auteur de la chronique normande connue sous le nom de Chronique de Nagerel, mais dont il n'a été publié que des extraits en 1578, à la suite de la Chronique de Normandie imprimée à Rouen chez Martin Le Mesgissier.

Cette pierre est remarquable par ses incrustements en cuivre. Des têtes de mort et des écussons armoriés y sont successivement gravés.

La deuxième pierre après celle-ci, toujours sur le même rang, ne porte aucune inscription; mais il est facile de voir qu'elle appartient à l'époque de la renaissance. Les figures d'anges qui sont gravées dans la partie supérieure, et le caractère du dessin, rappellent le goût et la grâce de cette époque.

Un peu plus bas, en face du tombeau de Pierre de Brézé, est une autre tombe plate, que nous signalerons comme étant la seule en marbre blanc que l'on retrouve dans toute l'église. Elle fut placée, au commencement du xviiie siècle, sur la cendre d'un grand archidiacre de Rouen, nommé De Y de Seraucourt, comme nous l'apprend l'épitaphe, qui est conçue en ces termes :

HIC
RESURRECTIONEM EXPECTAT
VENERABILIS VIR JOSEPHUS NICOLAUS DE Y DE
SERAUCOURT

REMUS,
SACRÆ FACULTATIS PARISIENSIS DOCTOR,
HUJUS ROTHOMAGENSIS ECCLESIÆ CANONICUS
ET MAJOR
ARCHIDIACONUS,
ILLUSTRISSIMI ET REVERENDISSIMI
ARCHIEPISCOPI ROTHOMAGENSIS
VICARIUS GENERALIS ET OFFICIALIS;
NOBILIS GENERE, SED VIRTUTE CLARIOR,
MODESTIA SINGULARI, NEC FUCATA PRÆDITUS,
CLERICORUM PATRONUS, DIGNOS
AUT ORNAVIT, AUT ORNARI SEDULO CURAVIT.
DISCIPLINÆ SANCTIORIS RELIGIOSUS IN
PRIMIS CULTOR :
ALIOS EXEMPLO ET FACTIS DOCUIT,
PAUPERES VIVUS PAVIT, MORIENS
HEREDES RELIQUIT,
LIBRIS SUIS BIBLIOTHECAM HUJUS ECCLESIÆ AUXIT :
DEMUM REPENTINA, SED NON IMPROVISA
MORTE
IMMATURÈ EXTINCTUS
AD CELESTE PREMIUM REVOCATUS EST
ROTHOMAGI
ANNO. R. S. MDCC. III. XV KALEND. APRILIS
ÆTATIS 49. MENS. VIII.

Ici attend la résurrection vénérable homme Joseph-Nicolas de Y de Seraucourt de Rheims, docteur de la sacrée faculté de Paris, chanoine et grand archidiacre de cette église de Rouen, vicaire-général et official de très illustre et très révérend archevêque de Rouen ; noble de race, plus illustre par sa vertu, doué d'une modestie singulière et non affectée, patron des clercs, il distingua lui-même ou s'appliqua constamment à faire distinguer les plus dignes. Religieux observateur, avant tout, de la plus sainte discipline, il instruisit les autres par son exemple et par ses actions. Vivant, il avait nourri les pauvres, il les institua en mourant ses héritiers. Il légua ses livres à la bibliothèque de cette église. Enfin, frappé avant l'âge par une mort soudaine, mais non imprévue, il fut rappelé à la récompense éternelle, à Rouen, l'an de la résurrection 1703, le 15 des calendes d'avril, âgé de 49 ans et 8 mois [1].

Chœur et bas-côtés.

Entrons dans la chapelle Saint-Pierre Saint-Paul du collatéral septentrional du chœur. Un peu à main droite, s'étend dans la direction

---

[1] On peut voir, dans le Musée des tableaux de la ville de Rouen, le portrait de M. de Seraucourt, peint par Jouvenet. Ce portrait, pour le faire, sort de la manière habituelle du peintre rouennais ; il est d'un pinceau moins chaud et moins heurté que ses autres ouvrages.

du nord au midi une pierre tumulaire à moitié effacée, mais remarquable par son antiquité; elle remonte au XIIIe siècle. On peut lire encore sur la bordure de la pierre les premiers mots de l'inscription, qui est tracée en caractères gothiques; les voici :

𝕳ic. jacet. magister. ingerran. de. estrepegniaco. qondam ar..........

Ici gît maître Inguerran d'Étrépagny jadis archidiacre,

Car c'est ainsi qu'on doit terminer le dernier mot incomplet. On sait, en effet, qu'Inguerran d'Étrépagny était à la tête de l'archidiaconé de Rouen dans la seconde moitié du XIIIe siècle. Son nom est cité dans les titres de la Cathédrale, et particulièrement au Livre d'ivoire[1], sous la date de 1270. Il avait fondé trois messes par semaine, dans la chapelle où est déposée sa cendre.

[1] On appelle ainsi un ancien manuscrit de la Cathédrale, qui a passé dans la Bibliothèque de la ville, et qui doit cette désignation aux tablettes sculptées en ivoire qui forment sa couverture.

La sculpture de cette tombe est fortement accusée; aussi la tête du personnage est-elle bien conservée. Le caractère du dessin est remarquable par sa belle simplicité.

A gauche, contre la tombe d'Inguerran d'Étrépagny, mais dans une direction transversale, s'étend la pierre tumulaire d'un autre archidiacre, dont elle porte l'image; c'est celle de Nicole Sarrazin, mort en 1505, comme nous l'indique l'épitaphe en français qui court le long de cette vaste dalle [1] :

> Ici gist venerable et discrepte personne maistre Nicole Sarrazin en son vivant archidiacre du veuquesin le franchois chanoine en leglise de Rouen tresorier et chanoine de baieux familier de deffunct mons: le cardinal destouteville archevesque de Rouen: lequel trespassa le xiie de octobre mil cinq cens et cinq. pries dieu pour son ame.

J'ai retrouvé dans les anciennes archives du Chapitre le testament original de ce chanoine.

---

[1] Elle n'a pas moins de neuf pieds six pouces de long, sur quatre pieds huit pouces de large. La face et les mains du personnage sont incrustées en marbre blanc dans la pierre.

Il légua vingt écus d'or à la Cathédrale pour son inhumation et sa sépulture, à l'église Sainte-Croix de Saint-Ouen de Rouen, dont il avait été curé, *son Missel en parchemin escript à la main*, à l'église de Bernières au diocèse de Bayeux, *son chasuble de damas bleu, avec le mit, aube et fanon, estolle, corporalier, et autres ornements.*

Passons dans le sanctuaire.

Là s'élevaient les tombeaux de Henri-le-Jeune, fils de Henri II roi d'Angleterre et duc de Normandie, de Richard-Cœur-de-Lion son frère, de Guillaume, fils de Geoffroy-Plantagenet, les tombeaux de Charles V roi de France, de Jean duc de Bedford, oncle du roi d'Angleterre Henri V. Que sont devenus ces mausolées? Quelques lignes gravées sur le pavé de l'église annoncent encore la place qu'occupaient ces cendres illustres; voilà tout ce qui reste aujourd'hui. Chose qu'on croira difficilement, c'est par les mains du clergé de la Cathédrale lui-même que ces précieux monuments ont été renversés. Ce fut, disait-il, pour embellir son église qu'il les livra à la pioche du maçon.

En 1734, les chanoines ayant conçu le dessein d'exhausser leur maître-autel, et en même temps pour dégager le sanctuaire, brisèrent les tombeaux : tout fut abattu, dit un contemporain; on remua le sol jusqu'à la profondeur de quinze pieds[1]. Je trouve, à ce sujet, dans les registres capitulaires :

« Payé au sieur Cecille, maistre maçon, pour « ouvrages de son mestier par lui fait pour « la démolition de l'autel et le pavage du « chœur, suivant son mémoire et quittance du « 28 juin 1734, cinq cents neuf livres. »

On avait commencé la démolition au mois de mai; on voiturait encore les vidanges au mois de septembre suivant, disent les mêmes registres. Ce ne fut qu'en 1736 que tout fut terminé et le nouveau maître-autel placé.

Cependant les chanoines (il faut leur rendre cette justice) voulurent perpétuer le souvenir des nobles et antiques sépultures sur lesquelles ils venaient de porter la main. A l'endroit où

---

[1] Toussaint Duplessis; *Description de la Haute-Normandie*, t. II, p. 28.

se voyait la statue de Richard-Cœur-de-Lion, couchée en habits royaux sur son mausolée, ils firent graver sur une des dalles du nouveau pavé l'inscription suivante :

COR

RICHARDI REGIS ANGLIÆ

NORMANNIÆ DUCIS

COR-LEONIS DICTI

OBIIT ANNO

MCXCIX.

Cœur de Richard, roi d'Angleterre, duc de Normandie, dit Cœur-de-Lion. Il mourut l'an 1199.

Le cœur de Richard-Cœur-de-Lion était seul en effet déposé dans son tombeau. Ce prince avait ordonné, en mourant, que son corps fût porté à Fontevrault et enseveli aux pieds de son père Henri II; ses entrailles, sa cervelle et son sang à Poitiers[1]. Il avait légué son cœur à

---

[1] L'usage de partager ainsi les restes des morts, et de les inhumer en différents lieux, ne paraît pas remonter, pour nos princes normands, au-delà de Henri 1, décédé en 1135. Voici les détails extrêmement curieux que nous a conservés, au sujet des obsèques de ce dernier prince, un chroniqueur anglais :

« *Corpus allatum est Rotomagum, et ibi viscera ejus et*

Rouen, à raison de l'affection particulière qu'il portait aux Normands, dit un de ses historiens; *propter præcipuam dilectionem quam adversùs Normannos gerebat.*

Voici l'épitaphe qui avait été gravée en lettres d'or sur son tombeau de Rouen. Elle est en vers léonins, suivant l'usage assez général du temps :

PICTAVUS EXTA DUCIS SEPELIT, TELLUSQUE CHALUTIS
CORPUS DAT CLAUDI SUB MARMORE FONTIS EBRAUDI
NEUSTRIA TUQUE TEGIS COR INEXPUGNABILE REGIS,
SIC LOCA PER TRINA SE SPARSIT TANTA RUINA
NEC FUIT HOC FUNUS CUI SUFFICERET LOCUS UNUS.

Le Poitevin ensevelit les entrailles du duc; la terre de Chaluz livre son corps à Fontevrault, qui l'enferme sous le marbre. Et toi, Normandie, tu

« cerebrum et oculi consepulta sunt. Reliquum autem corpus
« cultellis circumquaque desecatum et multo sale aspersum,
« coriis taurinis reconditum est causâ fœtoris evitandi, qui
« multus et infinitus jam circumstantes inficiebat. Unde et ipse
« qui magno pretio conductus securi caput ejus diffiderat, ut
« fœtidissimum cerebrum extraheret, quamvis linteaminibus
« caput suum obvolvisset, mortuus tamen eâ causâ pretio malè
« gavisus est. Hic est ultimus è multis quem rex Henricus
« occidit. »

« Son corps fut apporté à Rouen, et là furent ensevelis
« ensemble ses entrailles, sa cervelle et ses yeux. Le reste

couvres le cœur indomptable du Roi. C'est ainsi que cette grande ruine est partagée entre trois lieux différents : il n'était pas de ces morts qu'un seul lieu pût contenir.

Les historiens nous ont conservé plusieurs autres épitaphes de Richard[1], et notamment celle-ci, qui est en vers rimés et qui offre plusieurs jeux de mots qu'il serait assez difficile de faire passer dans notre langue :

AD CHALUZ CECIDIT REGNI REX CARDO RICHARDUS
HIS FERUS, HIS HUMILIS, HIS AGNUS, ET HIS LEOPARDUS.
CASUS ERAT LUCIS CHALUZ PER SOECULA NOMEN
IGNOTUM FUERAT, SED CERTUM NOMINIS OMEN
NUNC PATUIT; RES CLAUSA FUIT, SED LUCE CADENTE
PRODIIT IN LUCEM PER CASUM LUCIS ADEMPTÆ.

« du corps, après avoir été disséqué sur toute la circonfé-
« rence avec des couteaux, et avoir été aspergé de force sel,
« fut enfermé dans des cuirs de bœuf, afin d'éviter l'odeur
« infecte qui déjà saisissait les assistants. D'où il arriva que
« celui qui, par l'appât d'une forte récompense, lui avait ouvert
« le crâne avec une hache, afin d'en extraire la cervelle déjà
« en putréfaction, bien qu'il eût pris la précaution de s'en-
« velopper la tête de linges, en mourut, peu satisfait sans
« doute de la récompense. Et ce fut là le dernier que tua le
« roi Henri, qui en avait tué plus d'un. »

[1] Voir Mathieu Paris, Bromton, Henri de Knyghton.

Le tombeau de Richard était entouré d'une balustrade en argent, qui fut vendue, dit-on, en 1250, pour aider à acquitter la rançon de saint Louis, fait prisonnier à la bataille de la Massoure[1]. L'ombre de Richard-Cœur-de-Lion ne dut pas s'indigner cette fois : il avait payé plus d'une fois la rançon des braves.

Montfaucon, dans ses Monuments de la Monarchie française, a donné le dessin de la statue de Richard et de celle de Henri-le-Jeune, qui existaient encore de son temps. Malheureusement ces dessins ne paraissent pas avoir été faits avec l'exactitude que réclament ces sortes de monuments. C'est un reproche fondé, que l'on a souvent adressé à l'ouvrage du savant bénédictin.

Ce qui pourrait adoucir le regret de la perte de la statue de Richard, c'est la conservation de celle du même prince qui était placée sur sa tombe à Fontevrault, et qu'on voit encore aujourd'hui dans une des chapelles de cet

[1] D'autres, au lieu d'une balustrade, parlent de son cercueil en argent.

ancien monastère. J'ai pu dessiner, en 1829, cette dernière figure, un de nos plus précieux restes d'antiquités. Cette statue a six pieds de long; elle est en pierre, et porte encore la peinture et les dessins du temps. Le prince est représenté couché, la tête appuyée sur un coussin, et dans son costume royal. Sa couronne, qui est ouverte, est ornée d'émeraudes et de rubis. Son manteau, peint en rouge tirant sur le rose, et dont la bordure est dorée, est semé de fleurs blanches; il agrafe sur la poitrine. En dessous se dessine à plis serrés une dalmatique bleu vert, à manches larges et pendantes, et que retient autour du corps une ceinture richement travaillée. La tunique est rouge. Le prince est éperonné et ganté; il porte les cheveux courts, des moustaches, et la barbe mi-longue. Fidèle à la réputation du personnage qu'il avait à représenter, l'artiste s'est appliqué à lui donner un regard farouche.

Malgré la roideur du dessin et une certaine sécheresse de travail, cette statue est extrêmement remarquable pour l'époque. Elle prouve quels progrès les arts avaient faits depuis le xi⁰ siècle, où la statuaire, en particulier, était descendue si bas. Elle a dû être exécutée dans la dernière année du xii⁰ siècle, et ne peut être sortie que d'une des mains les plus habiles du temps. Nous croyons faire une chose agréable aux amis de nos antiquités en donnant ici un dessin de cette statue[1]. (Pl. ix.)

Le 6 avril, jour anniversaire de la mort de Richard-Cœur-de-Lion, on célébrait une messe pour le repos de son ame dans l'église de Rouen. Le souvenir de ce prince était resté cher aux chanoines de la Cathédrale, moins à cause de ses hauts faits et même de sa qualité de roi, qu'à raison de sa libéralité envers eux. Le vainqueur de Saladin devait leurs prières à trois cents muids de vin qu'il leur avait libéralement départis.

---

[1] Etant à Fontevrault, j'interrogeai à plusieurs reprises le maçon qui avait fouillé en 1793 la tombe de Richard, pour savoir quel avait été le résultat de cette recherche. Il persista à m'assurer qu'on n'avait absolument rien trouvé, pas même d'ossemens, soit que cet homme craignît de me dire la vérité, soit plutôt, peut-être, qu'on n'eût pas creusé jusqu'à la fosse où était placé le cercueil.

Statue de Richard-Cœur-de-Lion, à Fontevrault.

Voici ce qu'on lit dans le vieil obituaire de la Cathédrale[1] :

« Le 8ᵉ des ides d'avril (le 6 avril) mourut « l'illustre roi des Anglais Richard qui donna « à cette église trois cents muids de vin à « prendre sur sa modiation de Rouen, en ré- « paration des dommages causés par le roi de « France à ladite église. »

« *VIII idus aprilis obiit Richardus illustris* « *rex Anglorum qui redit huic ecclesiæ CCC mo-* « *dios vini de modiatione sua apud Rothomagum,* « *pro restauratione dampnorum eidem ecclesiæ* « *illatorum a rege Franciæ.* »

Je dois cependant ajouter, à la gloire des chanoines, que depuis bien long-temps ils ne buvaient plus du vin du roi Richard lorsqu'ils faisaient encore des prières pour lui.

Au côté gauche du sanctuaire (côté de l'Évangile), à l'opposé du tombeau de Richard, était celui de Henri-le-Jeune, son frère, mort six ans avant lui, le 10 juin 1183. Ce mausolée

---

[1] Cet obituaire a été écrit vers le milieu du XIIIᵉ siècle. Il est conservé aux archives départementales.

était orné de la statue du prince, en marbre blanc. Il ne portait aucune inscription. Voici celle qui, en 1736, prit la place du mausolée lui-même :

HIC JACET
HENRICUS JUNIOR
RICHARDI REGIS ANGLIÆ
COR-LEONIS DICTI, FRATER
OBIIT ANNO
MCLXXXIII.

Ici gît Henri-le-Jeune, frère de Richard roi d'Angleterre dit Cœur-de-Lion. Il mourut l'an 1183.

Henri-le-Jeune était mort dans le fond du Quercy. Peu d'instants avant de rendre le dernier soupir, il avait demandé à être inhumé dans la Cathédrale de Rouen, ainsi que l'attestent les historiens du temps, et comme le prouvent plusieurs chartes dictées par les témoins de sa mort, que j'ai retrouvées en original dans nos archives départementales[1]. En conséquence,

---

[1] Ces chartes, qui sont au nombre de quatre, et qui toutes

afin de pouvoir transporter son corps à une aussi grande distance, après avoir enlevé les entrailles et la cervelle, on le sala, puis on l'enveloppa dans un cuir de bœuf, et on l'en-

---

ont conservé leur sceau, sont souscrites par Raimond V comte de Toulouse, par Eudes duc de Bourgogne, par le châtelain de Saint-Omer, et par Bertrand évêque d'Agen : elles sont adressées au Pape Lucius III. La dernière s'exprime ainsi :

« A notre bien heureux seigneur et père Lucius par la grâce
« de Dieu souverain pontife de l'église universelle, B..., par
« la miséricorde de Dieu, et par la sienne, humble ministre
« de l'église d'Agen, salut, etc............ C'est pourquoi, à
« la demande du clergé de l'église de Rouen au sujet de la
« sépulture du roi Henri-le-Jeune, de peur que notre silence
« ne soit dommageable à la justice, nous déclarons à votre
« béatitude la vérité du fait. Que votre paternité sache donc que
« quand, sur le mandement du roi Henri son père, dans le but
« de renouer la paix entre eux, nous nous fûmes transporté
« auprès de lui, nous le trouvâmes étendu sur le lit de douleurs.
« Après qu'il eut reçu de nos mains, avec la plus profonde hu-
« milité et dévotion, l'extrême onction et les autres ministères
« que réclament les mourants, il parla du choix de sa sépulture,
« nominativement, dans l'église de la bien heureuse Marie de
« Rouen. Et comme nous-même et plusieurs autres hommes
« de religion, eu égard à la difficulté du voyage et à l'éloigne-
« ment du lieu, nous insistions pour qu'il choisît sa sépulture
« dans le monastère de Grandmont, nous ne pûmes en rien le
« faire revenir de sa détermination. »

ferma dans un cercueil en plomb[1]. A son passage au Mans, les habitants, jaloux de posséder une aussi précieuse dépouille, s'en emparèrent de force, et l'enterrèrent dans leur église cathédrale. Mais, sur les réclamations du clergé de Rouen, et après une longue négociation, dans laquelle le pape lui-même fut forcé d'intervenir, ils rendirent le corps du jeune prince.

Rien n'indique aujourd'hui dans quelle partie du sanctuaire avait été inhumé Guillaume, fils de Geoffroy-Plantagenet et oncle de Henri-le-Jeune, mort le 29 janvier 1164; mais les mêmes chartes dont je viens de parler nous l'apprennent, puisqu'on y voit que Henri-le-Jeune demanda à être enterré à côté de son oncle

---

[1] « *Defuncto rege filio, familiares sui qui aderant, extractis* « *visceribus et cerebro, corpus suum, sale multo aspersum,* « *plumbo et coriis taurinis involverunt, ut sic Rotomagum de-* « *ferrent, ibidem sepeliendum, sicut ipse præceperat.* »
(BENOIT DE PETERBOURG, *Recueil des Historiens de France*, t. XVII, p. 455.)

Le corps de Richard-Cœur-de-Lion avait été également mis dans le sel, et cousu dans un cuir de bœuf. C'était l'usage de l'époque.

Guillaume : « *In ecclesiâ rotomagensi juxta se-
« pulturam avunculi sui sibi sepulcrum collocari
« precatur.* »

Ainsi, le tombeau de Guillaume était situé vers la gauche du maître-autel, du côté du nord [1].

Les trois princes dont nous venons de mentionner les sépultures étaient morts dans la seconde moitié du XIIe siècle, Guillaume en 1165, Henri-le-Jeune en 1183, Richard-Cœur-de-Lion en 1189. Si on admet qu'on leur eût élevé des tombeaux immédiatement après leur inhumation dans la Cathédrale, ces mausolées ne pouvaient être ceux qui furent renversés en 1734. La cathédrale de Rouen ayant été complètement détruite en 1200 par le feu, ces premiers tombeaux ne purent certainement pas échapper au commun désastre. L'église, grâces aux soins et à la libéralité de Jean-Sans-Terre

---

[1] Ce jeune prince portait le surnom de Longue-Épée, ce qui l'a fait quelquefois confondre avec son homonyme fils de Rollon. L'obituaire du XIIIe siècle de la Cathédrale et le cartulaire de l'abbaye de Saint-Wandrille lui donnent ce surnom.

et de Philippe-Auguste, sortit promptement de ses ruines. Dix années après le formidable incendie elle était déjà debout[1]. Je présume que c'est dans cet invervalle que les tombeaux de Guillaume, de Henri-le-Jeune et de Richard auront été relevés, et probablement par les mains de l'archevêque Gautier, qui avait été dans la faveur et dans la familiarité de ces princes. Ce prélat, d'ailleurs, avait donné la sépulture au dernier d'entre eux. Un long attachement aux monarques de la dynastie normande devait lui rendre ce devoir plus impérieux et plus sacré.

Pour ne pas nous éloigner du sanctuaire, passons derrière le maître-autel. Nous y lirons, tracée sur un des pavés, l'inscription relative

---

[1] La Chronique de Rouen raconte, sous la date de 1211, qu'un nouvel incendie ayant ravagé la ville, l'église cathédrale fut épargnée comme par miracle; preuve que, à cette époque, elle était déjà rebâtie : « *Eodem anno feriâ tertiâ in hebdomadâ* « *Paschæ, primâ vigiliâ noctis, incepit ignis in parochiâ* « *Sancti-Machuti, et totam civitatem Rothomagensem com-* « *bussit et domos et ædificia archiepiscopi, cathedrali ecclesiâ* « *miraculosè conservatâ per Dei gratiam.* »

au duc de Bedford, Jean de Lancastre, troisième fils de Henri IV roi d'Angleterre :

AD

DEXTRUM ALTARIS LATUS

JACET

JOANNES DUX BETFORDI

NORMANNIÆ PROREX

OBIIT ANNO

MCCCCXXXV.

Au côté droit de l'autel gît Jean duc de Bedford, vice-roi de Normandie. Il mourut l'an 1435.

On voit que cette inscription n'est point en rapport avec l'endroit qu'elle occupe, puisqu'elle se trouve placée juste derrière le maître-autel. Le fait est que le tombeau du duc de Bedford, ainsi que le dit l'inscription elle-même, s'élevait au côté droit de l'autel, qui devient le côté gauche pour celui qui entre dans l'église, ainsi que nous nous sommes nous-même placé en décrivant les divers tombeaux que nous avons passés en revue. Les registres capitulaires de la Cathédrale ne permettent aucun doute à cet égard. On y trouve, sous la date de 1435 :

« *Anno domini* 1435, *die ultimâ mensis septembris in hac Rothomagensi ecclesiâ in choro in sinistrâ parte subtus feretrum sancti Synerii prope pedes regis Henrici fuit inhumatus defunctus inclitæ memoriæ dominus Johannes dux Bedfordiæ regens et gubernans regnum Franciæ.* »

L'an du Seigneur 1435, le dernier jour du mois de septembre, en cette église de Rouen, dans le chœur au côté gauche, sous la châsse de Saint-Sernin, auprès des pieds du roi Henri, fut inhumé défunt de glorieuse mémoire messire Jean duc de Bedford, régent et gouverneur du royaume de France.

Le tombeau du duc de Bedford occupait, parallèlement au maître-autel, l'entre-colonnement en regard de la chapelle Saint-Pierre Saint-Paul du collatéral du chœur : il était en marbre noir. Au-dessus était attachée, à l'une des colonnes contre lesquelles il s'appuyait, une lame de cuivre sur laquelle étaient gravées les armoiries du duc, entourées de l'ordre de la jarretière. On y avait tracé, en caractères gothiques, l'épitaphe suivante :

> Cy gist feu de noble memoire tret haut et puis-
> sant prince jehan en son vivant Regent le
> roialme de france Duc de Betford pour le q'
> est fonde une messe estre chacun jour perpetuelle-
> ment celebre a ceste autel p. le college des clem-
> tins incontinent apres prime et trespassa le xiiii jo^r.
> de septemb. lan mill cccc xxxv. au quel
> xiiii jo^r semblablement est fonde po^r luy i ob^t
> solepnel en ceste eglise Dieu face pardon a son âme.

Il est à croire que ce n'est pas le clergé rouennais qui dressa cette épitaphe, car il n'aurait probablement pas manqué d'ajouter aux qualités du duc celle de chanoine de la Cathédrale, titre qu'il lui avait en effet conféré, ainsi que je l'ai pu vérifier dans les registres capitulaires.

Le tombeau du duc de Bedford fut un de ceux sur lesquels les Calvinistes, en 1562, portèrent les mains avec le plus de fureur; mais ils ne le détruisirent pas entièrement, comme on le croit aujourd'hui d'après l'assertion de

Farin et de D. Pommeraye. Il ne fut renversé qu'en 1732, « vers la fin du mois d'avril, dit le
« Flambeau astronomique[1], pour commencer
« à placer la troisième balustrade du côté de
« la chapelle Saint-Pierre Saint-Paul. »

« Le duc de Bedford, dit un chronologiste
« anglais[2], mérita d'être compté au nombre des
« meilleurs généraux qui soient sortis de la tige
« royale de Plantagenet. Si l'ennemi redouta
« sa valeur, la postérité révéra sa mémoire ;
« aussi le roi Louis XI, conseillé par quelques
« envieux de faire disparaître un tombeau
« où le duc, disait-on, avait emporté tout
« l'espoir des Anglais en France, répondit par
« ces paroles : quel honneur résulterait-il pour
« moi ou pour vous, de détruire ce monu-
« ment et d'arracher à la terre les restes de
« celui que, pendant sa vie, ni mon père ni
« vos ancêtres, avec toute leur puissance, n'ont
« jamais pu faire reculer d'un seul pas ; de
« celui qui, par sa force, sa politique et sa

---

[1] Année 1735.

[2] SANDFORD. *Voir* édit. de 1707, page 314.

« prudence, sut se maintenir contre les Fran-
« çais dans les principales provinces de France
« et dans le noble duché de Normandie? Ainsi
« donc, Dieu fasse paix à son ame; et nous,
« laissons dormir la dépouille d'un homme qui,
« de son vivant, eût troublé le plus brave de
« nous tous. Quant à ce tombeau, croyez-moi,
« les actions glorieuses de celui qu'il renferme
« mériteraient encore davantage. »

Les chanoines de Rouen ne firent pas tant de réflexions en 1732. Quoi qu'il en soit, au surplus, du fond de cette anecdote, il est bien certain que le narrateur a mis dans la bouche de Louis XI une véritable amplification de collège. Louis XI a pu respecter le tombeau du duc de Bedford, mais à coup sûr il ne s'est jamais exprimé comme on le fait parler ici.

En descendant maintenant dans le chœur, nous trouverons la place qu'occupait le tombeau de Charles V.

« La pièce la plus apparente du chœur, dit
« Pommeraye dans son Histoire de la Cathé-
« drale, est le tombeau de marbre noir qui
« est au milieu, sur lequel est représenté,

« couché de son long, Charles V tenant son
« cœur en sa main; la figure est de marbre
« blanc, de grandeur naturelle, et revêtue à la
« royale. »

C'est en vain qu'on chercherait à l'heure qu'il est ce tombeau. Une petite dalle en marbre noir, portant une inscription latine dont voici le sens, l'avait remplacé :

« A l'éternelle mémoire de très sage prince
« Charles V, roi de France, auparavant duc
« de Normandie, qui, épris de singulier amour
« pour cette église, après l'avoir comblée de
« bienfaits, lui légua son cœur. Sa mémoire
« ne cessera de régner ici dans le souvenir de
« tous. Il mourut l'an du salut 1380. »

L'inscription fut enlevée à son tour. Quelques poignées de plâtre, cachées sous le pied du pupitre, restent seules aujourd'hui pour marquer la place où fut déposé le cœur du sage Charles V. En léguant ce précieux dépôt à sa chère église de Rouen, ce bon roi ne s'attendait pas à un si cruel outrage. Les Calvinistes, à la funeste époque de 1562, avaient, il est vrai, insulté sa tombe et son image, mais ils s'étaient contentés de les mutiler ; le clergé métropolitain les fit disparaître[1].

Charles V, qui avait été duc de Normandie et qui portait une affection particulière à cette province et à la ville de Rouen, avait formellement exprimé le désir qu'elle possédât son cœur après sa mort. Pour être certain que sa volonté ne fût point éludée, il avait fait faire, de son vivant, le tombeau qui devait recevoir cette plus noble partie de lui-même. Ce fut en 1367 qu'on en posa la première pierre. En même temps, par acte du mois de juillet de la même année, il fonda une rente pour des messes à

---

[1] Toussaint Duplessis, qui écrivait vers 1740, dit que, lors des travaux pour l'exhaussement du sanctuaire, on avait épargné le tombeau de Charles V ; qu'on s'était borné à enlever sa statue, qui fut déposée, dit-il, dans la chapelle de la Vierge. On l'y voyait encore en 1767, si l'on en croit Ducarel. Tombeau et statue ont fini par disparaître.

On trouve le dessin de la statue de Charles V dans les Monuments de la Monarchie française de Montfaucon. Mais le dessinateur ne paraît pas avoir été plus scrupuleux pour l'image de ce prince, qu'il ne l'a été pour celles de Richard-Cœur-de-Lion et de Henri-le-Jeune. Il n'a pas même figuré le cœur qui était placé dans la main du roi.

célébrer dans la Cathédrale à des époques déterminées, qu'il voulut qu'on appelât les messes du roi Charles, et qui devaient être dites sur un autel qui était placé dans le chœur à la gauche du maître-autel, et auquel il imposa le nom d'autel royal. J'ai retrouvé, dans les anciennes archives de la Cathédrale, une copie de cet acte, qui n'a pas moins de vingt-cinq pages d'écriture. Le prince y entre dans les détails les plus minutieux, tant sur la fondation en elle-même que sur les dispositions accessoires, et sur le cérémonial à observer lors de la célébration des messes. Le nombre des chapelains, des enfants de chœur et autres, qui doivent y assister, leur costume, les ornements sacerdotaux et les vases sacrés à employer, le nombre et jusqu'au poids des cierges et des torches à allumer tant sur l'autel qu'autour du tombeau, le nom de la cloche qui doit être mise en branle, etc., etc., rien n'y est omis. On voit clairement que le bon roi Charles faisait de tout ceci une affaire d'importance, et qu'il s'entendait au cérémonial.

On travaillait encore au tombeau de Charles V

en 1368. La pièce suivante, que j'emprunte au tome IIe des Archives de la Normandie, en fait foi :

1368.

« Charles, par la grâce de Dieu, roy de
« France, à nostre bien amé Jehan Dorlienz,
« Receveur-général en nostre pays de Nor-
« mendie des aides ordenées sur le fait de la
« rédempcion de nostre tres chier seigneur et
« père, que Dieu absoille, salut.

« Nous vous mandons et enjoignons estroite-
« ment que, tantost et senz délay, ces lettres
« veues, vous bailliez et délivriez des deniers
« de vostre recepte la somme de quatre cenz
« franz d'or, c'est assavoir à Hennequin de
« Liege, ymaginer, la somme de troiz cenz
« franz, en rabat de la somme de mil franz
« d'or, en laquelle nous sommes tenuz à lui
« à cause d'une tumbe d'albatre et de mabre
« (*sic*), que nous li faisons faire nous, la-
« quelle nous avons ordené estre mise en cueur
« de l'Eglise de Rouen où nous voulons que
« nostre cueur soit enterré, quant il plaira à

« Dieu que nous yrons de la vie à trespasse-
« ment; — *item* à Jehan Périer, maçon et
« maistre de l'œuvre de la dicte Eglise de
« Rouen, la somme de cenz franz en rabat de
« la somme de deux cenz franz, en la quelle
« nous sommes aussi tenuz à lui pour cause
« de certaine œuvre et maçonnerie de pierre,
« qu'il a fait pour nous en la dicte eglise. Et
« nous donnons en mandement à noz amés et
« féaux les genz de noz comptes à Paris, que,
« par rapportant lettres de quittance des diz
« Hennequin et Jehan et ces présentes, ilz
« alloent en voz comptes ycelle somme de
« quatre cenz franz d'or et rabatent de vostre
« recepte sanz contredit et difficulté aucune,
« non contr'estant ordenance, mandement ou
« deffense contraire.

« Donné à Paris le 5ᵉ jour de décembre,
« l'an de grace mil troiz cenz soixante et huit,
« et de nostre regne le quint. »

Par le Roy,

BLANCHET.

Charles V survécut au legs anticipé qu'il avait fait à l'église de Rouen. Ce ne fut que treize années après, en 1380, que son cœur y fut apporté [1].

Le corps de ce prince avait été conduit à Saint-Denis. Là, dans la chapelle qui portait son nom, se voyait son mausolée, sur lequel on avait gravé cette épitaphe :

Ici gist le roy Charles quint, sage et eloquent fils du roy Jehan, qui regna XVI. ans V. mois et VII jours et trespassa l'an de grace M. CCC. LXXX. le XVI jour de septembre.

Charles V était représenté, sur son mausolée de Saint-Denis, couché à côté de Jeanne de Bourbon sa femme. A ses pieds et auprès de lui gisaient Bertrand Duguesclin, Barbazan, et Bureau de la Rivière, qui tous l'avaient si bien servi vivant; digne cortège de ce bon et grand prince, ses fidèles compagnons à la vie et à la mort.

---

[1] Le tombeau de Charles V avait été réparé en 1401. Je lis, entre autres notes, sous cette date, dans les registres capitulaires :

« A maistre Guiffroy Richier maistre machon de leglise pour
« avoir rassis et mis en leur lieu plusieurs petitz ymages
« dentour la sepulture du Roy estante au cœur de leglise et
« y avoir vasque par demy jour et plus paye a luy pour sa
« paine le IIe jour du moys de juillet. . . . . III s. IX d. »

Transepts.

Le transept du nord est beaucoup plus riche en pierres tumulaires que celui du midi; après la chapelle de la Vierge, c'est dans cette partie de l'église qu'on en remarque la plus grande quantité. Malheureusement, presque aucunes n'indiquent la véritable place des sépultures auxquelles elles furent consacrées, tout le transept ayant été dépavé lors de l'incendie de la flèche, en 1822, après l'avoir été déjà probablement une ou deux premières fois. Ces tombes, d'après l'examen que j'en ai pu faire, ne rappellent, dans tous les cas, aucun souvenir historique, ne se rattachent à aucun fait intéressant. Beaucoup d'entre elles, d'ailleurs, ont été coupées ou mutilées, et sont incomplètes. Je me contenterai donc d'en signaler deux ou trois parmi les mieux conservées.

La première, qui porte cinq pieds dix pouces de long sur deux pieds quatre pouces de large, est placée dans l'alignement des sous-ailes de la nef et du chœur. On y voit représenté un personnage revêtu de l'habit ecclésiastique, mais qu'on prendrait au premier coup d'œil pour un vêtement féminin, si l'inscription suivante, tracée autour de la pierre, ne levait tous les doutes à cet égard :

> Cy gist venerable et discrette personne messire guillaume Leuvain prestre en son vivant chappellain de la chappelle saint nicaise fondee en ceste eglise lequel trespassa lan mil cccc lxxvii le xxviie jour de septembre priez dieu pour lui.

Sur la même ligne, à quelques pas en marchant dans le transept vers le nord, est une pierre plus large à sa partie supérieure qu'à sa base, qui ne porte point de figure, mais dont l'inscription est fort bien conservée. Cette inscription, qui est gravée en tête de la pierre, est ainsi conçue :

> Cy gist venerable et discrete
> personne messire alain olivier
> maistre en ars et docteur en
> theologie excellent en son vivant
> chanoine d^e ceste esglise et cure
> de sainct martin aux buineaux
> qui trespassa lan mil cccc
> lxvi le xie jour de may
> priez dieu po^r luy.

Au-dessous, en forme de légende, sont gravés ces mots :

> Miserere mei deus.

A côté et vers la droite de cette tombe, on en remarque une beaucoup plus grande, qui est chargée d'un riche dais gothique sous lequel se dessine la figure d'un ecclésiastique. L'épitaphe suivante court le long de la pierre :

> Cy gist venerable et discrete personne maistre denis gastinel prestre maistre es ars licencie es drois canon et en .... chanoine de Rouen et conseiller du roy notre sire [1]. lequel trespassa lan de grace mil cccc. xl. le xiiie jour de decembre. priez dieu pour lame de lui. amen.

Cette dernière pierre tumulaire a huit pieds trois pouces de long sur quatre pieds de large.

En s'avançant vers le nord-est, derrière le dernier pilier de droite du transept, on

---

[1] Charles VII.

trouve deux tombes sculptées fort anciennes, mais qui sont malheureusement incomplètes. Les inscriptions, comme toutes celles d'une époque reculée, sont en latin et en vers. L'une porte la date de 1270 :

Anno : milleno : bis : cento : septuageno.

L'autre, qui doit appartenir au même siècle, était celle d'un chanoine de Rouen, *très large en libéralités*, dit l'épitaphe :

Largus : in : expensis.

Le nom d'aucun de ces deux personnages ne se lit sur la pierre.

Passons dans la nef.

Nef.

Approchons du dernier pilier de gauche, celui qui forme un des appuis de la tour centrale. En regard de ce pilier, au milieu de la nef, dans le tombeau creusé au xie siècle pour l'archevêque Maurile, avait été déposé, en 1483, le cœur du cardinal d'Estouteville, un de ses successeurs à la chaire archiépiscopale de Rouen. Un mausolée en marbre blanc, sur lequel était placée la figure du cardinal en relief[1], avait été dressé en son honneur. Un treillis en fer en défendait l'approche aux mains sacriléges. Ce faible obstacle n'arrêta pas celles des Calvinistes en 1562 : le treillis, le mausolée furent brisés. Deux plats d'argent, entre lesquels était enfermé le cœur, furent enlevés et vendus au poids.

L'inscription suivante, tracée en lettres d'or sur une table de marbre noir, se lit sur le pilier qui prêta son ombre séculaire à la cendre de ces deux illustres personnages :

PERENNI MEMORIÆ

D. D. GUILLELMI D'ESTOUTEVILLE

S. R. ECC. CARDINALIS,

ARCH. ROTOM. AN. MCCCCLIII,

A SUM. PONT. NICOLAO V

AD CAROLUM VII GALLIARUM REGEM

---

[1] C'est ainsi que s'expriment les historiens de la Cathédrale.

LEGATI A LATERE,
QUI ROTOM. ECCLESIAM
AMANTISSIMI CORDIS HÆREDEM
ROMÆ MORIENS INSTITUIT
ANNO MCCCC LXXXII.
RECONDITUM EST IN TUMULO
B. MAURILII ARCHIEP.

A l'éternelle mémoire de M. Guillaume d'Estouteville, cardinal de la sainte Église Romaine, archevêque de Rouen en l'année 1453, légat du souverain pontife Nicolas V auprès de Charles VII roi de France. Au moment de mourir à Rome, il institua, en 1482, l'église de Rouen héritière de son cœur tout aimant. Il fut enseveli dans la tombe du bienheureux archevêque Maurile [1].

---

[1] Il paraît qu'un monument, ou tout au moins une pierre tumulaire avait été consacrée à la mémoire du cardinal d'Estouteville dans l'église de l'abbaye de Valmont, lieu de la sépulture des membres de sa famille. Il y a peu de temps, j'ai découvert dans les ruines de cette église plusieurs fragments d'une pierre richement sculptée, sur lesquels j'ai pu lire ces mots :

Guillaume............ cardinal archevesque de Rouen lequel trespassa l'an mil cccc LXXIII............ en lhonneur duquel.......

Cette pierre avait été retournée par les moines et employée

Rouen doit au cardinal d'Estouteville, ce rejeton d'une de nos plus anciennes et plus célèbres familles normandes, le palais archiépiscopal, le charmant escalier de la bibliothèque des chanoines, qu'on peut admirer dans le transept septentrional de la Cathédrale, les stalles du chœur[1], la cloche dite de son nom Marie d'Estouteville, qui fut placée dans la tour Saint-Romain et qu'on y voit encore[2], et une partie

---

au dallage de leur église, lors de sa reconstruction dans le XVI° siècle. On ne peut supposer qu'elle recouvrît le corps du cardinal d'Estouteville ; les restes de ce prélat, à l'exception de son cœur, ayant été inhumés à Rome, dans l'église des Ermites-de-Saint-Augustin, qu'il avait bâtie.

On peut remarquer que cette pierre diffère avec l'inscription, pour la date de la mort du cardinal ; celle de 1483 est la bonne.

[1] Ces stalles, dont la partie la plus riche, les dossiers et les dais, a malheureusement disparu, ne furent achevées, en 1469, qu'après un travail non interrompu de douze années, sur les dessins d'un *maître huchier* de Rouen, nommé Philippot Viart. La dépense s'éleva à près huit mille livres, somme considérable pour le temps. (*Regist. mss. de la Cathédrale.*)

M. E.-H. Langlois a relevé tous les dessins de ces stalles, et en a même déjà gravé une partie. Nous adjurons ici de nouveau notre habile et savant confrère de ne pas priver plus long-temps les amis des arts de son travail.

[2] Elle fut fondue par un nommé Pierre Chapuzot, et coûta,

de l'admirable nef de l'église Saint-Ouen. Ce fut lui qui jeta les fondements du château de Gaillon, dont il était donné à un de ses successeurs, dont nous venons de décrire il n'y a qu'un instant le tombeau, de créer les merveilles. Le cardinal d'Estouteville était digne, par sa magnificence et son goût pour les arts, d'ouvrir la route au cardinal d'Amboise. Aussi son nom est-il resté cher aux amis de la gloire et des antiquités normandes.

Outre le cœur du cardinal d'Estouteville, sa tombe renfermait celui d'un membre de sa famille, Jean d'Estouteville sire de Villebon, mort à Rouen en 1566[1].

Tournons-nous vers le pilier opposé à celui qui porte l'inscription consacrée au cardinal d'Estouteville ; nous verrons attachée, en regard de celle-ci, l'inscription suivante, qui

---

tout compris, 1918 l. 3 s. 6 d. Le fondeur reçut, pour sa peine, douze écus d'or.   (*Regist. mss. de la Cathédrale.*)

[1] Cette date indiquerait que le tombeau du cardinal d'Estouteville n'aurait pas été complètement détruit par les Protestants en 1562, ou du moins qu'on l'aurait restauré après leur expulsion de Rouen.

est également tracée en lettres d'or sur un marbre noir :

> IN MEDIA NAVI
> E REGIONE HUJUS COLUMNÆ
> JACET
> BEATÆ MEM. MAURILIUS
> ARCHIEP. ROTOM. AN. MLV
> HANC BASILICAM PERFECIT
> CONSECRAVITQUE ANNO MLXIII.
> VIX ENATOS BERENGARII ERRORES
> IN PROVIN. CONCIL. PRÆFOCAVIT.
> HOC PONTIF. NORMANNI
> GUILLEL. DUCE ANGLIA POLITI SUNT
> ANNO MLXVI.

Au milieu de la nef, dans la direction de cette colonne, gît Maurile, de bienheureuse mémoire, archevêque de Rouen en l'année 1055. Il acheva cette basilique et en fit la consécration en 1063. Dans un concile provincial il étouffa les erreurs naissantes de Bérenger. Plein de vertus, il décéda l'an 1067. Sous son pontificat, les Normands, ayant le duc Guillaume à leur tête, ont conquis l'Angleterre en l'année 1066.

Lorsqu'on creusa, le 10 avril 1483, à la place où Maurile avait été inhumé, pour préparer la tombe du cardinal d'Estouteville, qui avait demandé à y recevoir la sépulture, les maçons rencontrèrent un cercueil en pierre, qui renfermait, outre des ossemens, quelques morceaux d'une croix en bois et les restes d'une chasuble : ces débris appartenaient à la tombe de Maurile.

A quelques pas du pilier qui porte l'inscription que nous venons de rapporter, on rencontre une dalle en pierre, sur laquelle est figuré un ecclésiastique dans le costume du xiiie siècle. Le caractère du dessin, et la forme des lettres qui sont gravées sur la bordure de la dalle, achèvent de démontrer que cette tombe ne peut être postérieure à l'époque que nous venons d'indiquer. On lit ce qui suit sur la pierre :

hic : jacet : magister : petrus : de :   :
quondam : canonicus : rothomagensis : cujus : anima :
requiescat : in pace : amen :

Ici gît maître Pierre de......, jadis chanoine de Rouen. Que son ame repose en paix. Amen.

Il est à remarquer que cette épitaphe n'est

point écrite en vers, contrairement à l'usage assez général de l'époque.

En descendant encore un peu plus bas, vis-à-vis de la chaire, on aperçoit une belle pierre sculptée, qui ne le cède en rien pour les dimensions aux immenses dalles qui garnissent le sol de toute cette partie de la nef[1], et qui a l'avantage sur elles d'être couverte d'un riche dessin (planche x). On y voit représenté un ecclésiastique dans l'ancien costume d'archidiacre, avec l'étole et le manipule; il porte un calice dans ses mains. La tête du prélat, qui malheureusement est entièrement effacée, est couronnée par une arcade gothique fermée en ogive, que surmontent deux anges aux ailes déployées, qui font jouer des encensoirs ouverts. Deux anges plus petits, armés de cierges allumés, accompagnent la tête du principal personnage. Plus bas, dans le champ de la pierre, sont assis, deux à droite, deux à gauche, les quatre évangélistes, reconnaissables au livre qu'ils tiennent à la main. Les pieds du prélat

---

[1] Elle a près de dix pieds de long, sur quatre de large.

Tombe d'Étienne de Sens.

posent sur des chiens couchés. Le dessin de cette pierre, comme cela se remarque sur toutes celles du même âge, est fortement accusé.

Une inscription latine, en beaux caractères gothiques du xiiie siècle, court le long de la frange de la pierre. Elle forme une suite de six vers léonins. La voici, à l'exception de trois ou quatre mots effacés, qu'on pourrait restituer de la manière que j'indique, en s'aidant, comme je l'ai fait, de la ponctuation qui subsiste encore, et du sens du vers :

de : senonis : natus : stephanus : jacet : hic : tumulatus :
qui : ruit : ut : cogites : et : agas : qui : tartara : vites :
judicii : memorare : tui : nam : qualibet : hora :
mors : venit : absque : mora : peccans : tibi : retrahe : lora :
praeteritam : plora : christo : servire : labora :
et : vivens : ora : quasi : semper : mortis : in : hora : amen :[1]

Étienne, né à Sens, est ici enseveli. Il tombe pour que tu réfléchisses et agisses. Toi qui veux éviter l'enfer, souviens-toi de ton dernier jugement;

---

[1] Chaque mot est séparé par deux points. Les fins de vers sont marquées par trois points, ainsi que nous l'avons figuré.

car à toute heure la mort vient. Sans plus tarder, pécheur, retiens-toi la bride, pleure ta vie passée, travaille à servir le Christ, et vivant prie comme si tu étais à l'heure de la mort. Amen.

L'année et le jour de la mort étaient inscrits sur la pierre; mais on ne lit plus que ces mots qui courent le long du listel de l'ogive qui sert de couronnement à la tête du prélat :

m : cc : duo . . . . obiit.

L'examen de la liste des archidiacres de la Cathédrale nous permet de suppléer en partie à ce que cette date laisse d'incomplet. Le nom d'Étienne de Sens y figure de 1261 à 1282[1]. Ainsi cette tombe appartient aux vingt dernières années du XIIIe siècle.

Le nom d'Étienne de Sens se rattache à une

---

[1] L'église de Rouen était divisée en six archidiaconés ; savoir : l'archidiaconé de Rouen proprement dit, les archidiaconés d'Eu, du Grand-Caux, du Vexin français, du Vexin normand et du Petit-Caux. Il paraîtrait qu'Étienne de Sens avait été successivement archidiacre du Vexin français et du Grand-Caux. Son nom est cité en 1270 et 1272, au Livre d'ivoire, accompagné de la dernière qualification.

querelle que le Chapitre de la Cathédrale eut à soutenir, en 1261, contre le maire et le bailli de Rouen; il en fut le principal acteur. Un particulier ayant commis un meurtre, se réfugia dans une des échoppes adossées à la Cathédrale, qui appartenait à Étienne de Sens. Ce malheureux en fut arraché par les officiers du maire, et conduit dans les prisons de la ville. On le condamna à être pendu. Comme on le conduisait au supplice, notre archidiacre fit sommer le vicomte de restituer le criminel et de le livrer à la justice du Chapitre. Le vicomte, n'osant rien prendre sur lui, en référa au maire; ce magistrat fit reconduire le patient dans l'échoppe d'où on l'avait enlevé, et l'abandonna à Étienne de Sens. Celui-ci tint long-temps, dit-on, son homme en prison; enfin notre bon archidiacre l'envoya finir ses jours en terre sainte, en expiation de son crime.

Nous avons à signaler une autre tombe, moins ancienne et moins intéressante sous le rapport du dessin, il est vrai, que celle que nous venons de décrire, mais à laquelle le douloureux souvenir qu'elle reveille prête un intérêt tout particulier. Passons dans l'aile méridionale de la nef. Vis-à-vis la chapelle des Saints - Innocents , (cette place ne fut pas choisie sans dessein), arrêtons-nous devant cette vaste pierre couverte d'une longue inscription, et lisons :

PAR PERMISSION DE MESSIEVRS
DE CHAPPITRE
CY GISENT LES CORPS DE JACQVES TVRGIS
ROBERT TALLEBOT ET CHARLES LEBRASSEVR
NATIFZ DE ROVEN EXECVTEZ A MORT
PAR JVGEMENT PRESIDIAL DANDELY LE
XXV JOVR DOCTOBRE MIL DCXXV
POVR VN PRETENDV ASSASSINAT DONT
ILZ FVRENT FAVSSEMENT ACCVSEZ ET
DEPVYS DECLAREZ INNOCENS DV
DICT CRIME PAR ARREST DV GRAND
CONSEIL DONNE A POITIERS LE DERNIER
JOVR DE DECEMBRE MIL DCXXVII
SVYVANT LEQVEL LES CORPS DETERREZ
DVDICT LIEV DANDELY ONT ESTE
APPORTEZ EN CE LIEV PROCHE

CESTE CHAPPELLE DES MARTIRS IN
NOCENS LE IIII JOVR DAPRIL MIL
DCXXVIII EN LAQVELLE SE DIRA
TOVS LES SAMEDIS A PERPETVITÉ
VNE MESSE POVR LE REPOS DE LEVRS
AMES AVECQ VNG OBIT TOVS LES
ANS LE XXV JOVR DOCTOBRE
JOVXTE LA FONDATION QVI EN A
ESTÉ FAICTE CEANS SVYVANT LE
DICT ARREST DV CONSEIL
PRIES DIEV POVR LEVRS
AMES.

« Le 4 d'apvril 1628, dit un manuscrit de
« l'époque, trois jeunes hommes de ceste ville,
« l'un des quels s'appelloit Turgis, l'autre Tal-
« lebot, l'autre Le Brasseur, furent inhumés
« en l'esglise de Nostre-Dame de Rouen, devant
« la chapelle des Innocents, sur les quels in-
« humés a esté posée une grande tombe, avec
« grande affluence de peuple; et furent défouis
« de dedans le cimetière d'Andely; en la quelle
« ville ils avoient esté innocemment pendus le
« 25 d'octobre 1626, comme le rapporte le

« procès, comme de la justice qu'on a faicte
« des juges et des amendes imposées aux conseil-
« lers du dit Andely, privés de leurs estats par
« arrest qui fut donné à Poitiers le dernier de
« décembre 1627. Furent ces trois innocents
« défouis aussi vermeils et beaux comme s'il
« n'i eust que peu de temps. Furent conduits
« avec plusieurs gens de remarque et de moiens,
« de la ville d'Andely à Rouen. Le 2ème jour
« d'apvril, un d'iceux corps morts fut conduit
« aux Pères de la mort, les deux autres aux
« Augustins; de là, transportés à Nostre-Dame,
« sur une requeste présentée par les parents des
« ditz deffunctz[1] à Messieurs du Chappitre. »

C'est tout ce qu'on sait sur cette funeste aventure.

Long-temps auparavant trois autres condamnés avaient obtenu, au même titre, mais sans l'avoir aussi bien mérité, les honneurs de la sépulture dans la chapelle même des Innocents.

---

[1] Par Jean Turgis père de Jacques Turgis, Pierre Tallebot père de Robert Tallebot, et Florence Linant veuve de Charles Le Brasseur.   (Regist. capitul.)

C'étaient Jean Mallet sire de Graville, le sire de Maubué et Doublet. Ces trois seigneurs, avec Jean comte de Harcourt, leur complice, tous quatre partisans de Charles-le-Mauvais roi de Navarre, ayant été surpris dans Rouen par le roi Jean, furent décapités en 1356 dans le *Champ du Pardon*, et pendus au gibet de la ville. Le roi de Navarre, qui avait été pris avec eux, étant rentré dans Rouen l'année suivante après s'être évadé de prison, les fit inhumer avec pompe dans la chapelle des Innocents. Cette cérémonie est ainsi décrite dans un ancien manuscrit conservé à Rouen :

1357, janvier. « Le mercredy ensuivant que
« il fut arrivé (le roi de Navarre) il envoia
« despendre les corps de quatre qui avoient esté
« decapitez au Champ du Pardon par le com-
« mandement du roy Jehan 2ᵉ. Mais on ne
« trouva rien du conte Jehan de Harecourt car
« ses parentz l'avoient osté secretement. Et
« furent lesd. corps ensevelys par trois béguines
« et mitz en trois coffres et amenez en trois

« chariotz couvertz de noir. Et alla led. roy de
« Navarre jusques au gibet avec grand nombre
« de gens. Et y avoit cent hommes habyllez de
« noir qui portoient cent grandes torches. Et
« furent les corps arrestez au lieu ou ilz avoient
« este decappitez et illec chanteez vigilles. Et
« aprez furent portez en leglise catredalle de
« Nostre Dame de Rouen. Et furent mys en une
« chappelle de bois painte de noir toute cou-
« verte de cierges de cire. Et estoit en lung des
« chariotz les corps des seigneurs de Maubué
« et colonet Doublet. Aprez ledict chariot mar-
« choient sur deux chevaulx deux escuiers armez
« de leur armes, et leurs amys aprez. Au second
« chariot estoit le corps de messire Jehan Mallet
« seigneur de Graville. Et aprez marchoient
« deux hommes a cheval qui portoient deux
« banieres de ses armes. Et deux autres sur
« deux chevaulx armez lung pour la guerre et
« l'autre pour le tournoy. Au tiers chariot ne
« avoit point de corps. Mais il faisoit represen-
« tation du conte de Harecourt et aprez avoit
« deux banieres et deux hommes armez, led.
« roy de Navarre et les amys aprez.

« Le lendemain led. roy de Navarre feist as-
« sembler le peuple de la ville de Rouen devant
« labbaye de Sainct-Ouen. Et illec leur prescha
« et dit moult de chosez voulant demoustrer
« quil avoit este prins sans cause et detenu
« prisonnier lespace de dix-neuf mois. Et puis
« parla des quatre decappitez et les appeloit
« vrais martirs[1]. Puis alla a lad. eglise de
« Nostre Dame ou il feist mettre leurs quatre
« heaulmes en la chappelle des Innocens. Vou-
« lant dire qu'ilz estoient innocens des cas
« pour lesquelz on les feist mourir. »

Ces heaumes étaient encore suspendus dans la chapelle en 1587, époque à laquelle écrivait Taillepied. On ne voit aujourd'hui ni casques, ni trace de sépulture.

---

[1] Il prit pour thème de son discours, dit le continuateur de la chronique de Nangis : *Innocentes et recti adhæserunt mihi.*

Charles-le-Mauvais était éloquent, et se plaisait à parler en public. C'est ainsi que, peu de jours auparavant, du haut de la muraille de l'abbaye de Saint-Germain-des-Prés, il avait harangué pendant plusieurs heures, au sujet de sa captivité, la populace de Paris, qui l'écoutait avec avidité.

Il ne nous reste plus qu'à parler d'une pierre tumulaire qu'on remarquait autrefois dans le bas de la nef, et qui couvrait les restes de Jean Le Maçon, artiste de Chartres, qui avait fondu la fameuse cloche dite Georges-d'Amboise. L'image de ce grand corps sonore avait été gravée sur la pierre. Autour, on lisait cette inscription :

> Cy-dessoubz gist jehan le machon
> de chartres homme de fachon
> lequel fondit georges damboise
> qui trente six mil poyse
> mil v^{cc} ung jo^r daoust deuxiesme
> puis il mourut le vingt et huitiesme.

La tradition veut que Jean Le Maçon soit mort de la joie que lui causa le réussite de la fonte de la cloche. Il serait peut-être aussi naturel de penser que le travail et la fatigue qu'elle dut lui causer auront mis cet artiste au tombeau; au surplus, rien n'empêche qu'on ne croie que ces deux causes réunies l'y aient fait descendre.

La cloche *Georges-d'Amboise* sonnait, pour ainsi dire, au-dessus de la cendre de celui qui l'avait fondue; leur destinée devait être commune : en 1793 le cloche fut brisée; à la même époque la tombe de Jean Le Maçon disparut.

LISTE

DES

PRINCIPAUX PERSONNAGES

INHUMÉS DANS LA CATHÉDRALE DE ROUEN.

Apparent rari nantes in gurgite vasto.
(VIRGILE.)

LISTE

DES

𝕻𝖗𝖎𝖓𝖈𝖎𝖕𝖆𝖚𝖝 𝕻𝖊𝖗𝖘𝖔𝖓𝖓𝖆𝖌𝖊𝖘

INHUMÉS DANS LA CATHÉDRALE DE ROUEN.

932. Rollon, duc de Normandie.

(Voir la description de son tombeau, page 1.)

943. Guillaume-Longue-Épée, duc de Normandie.

(Voir la description de son tombeau, p. 19.)

986. Hugues.

D. Pommeraye, dans son Histoire de la Cathédrale, rapporte une longue épitaphe en vers léonins sur ce personnage. Elle commence ainsi :

HIC NON IMPULCHRO PULCHER JACET HUGO SEPULCRO,
    QUI CLARUS CLERO, CLARUIT IN POPULO.
SERMO SUUS DITEM, PIETAS HUNC FECIT EGENTEM, ETC.

Peut-être s'agit-il de Hugues II, archevêque de Rouen, mort vers cette époque, bien que l'épitaphe ne le donne point positivement à entendre.

1067. MAURILE, 45e archevêque de Rouen.

Un ancien chroniqueur nous apprend que son tombeau, qui était placé au haut de la nef actuelle (voir p. 186), s'élevait de trois pieds au-dessus de terre. Une lame de cuivre portait son épitaphe, qui avait été composée par un certain Richard, fils d'Herluin, chanoine de Rouen ; la voici :

HUMANI CIVES, LACRYMAM NOLITE NEGARE
    VESTRO PONTIFICI MAURILIO MONACHO.
HUNC REMIS GENUIT, STUDIORUM LEGIA NUTRIX
    POTAVIT TRIFIDO FONTE PHILOSOPHICO.
VOBIS HANC ÆDEM CŒPTAM PERDUXIT AD UNGUEM,

LÆTITIA MAGNA FECIT ET ENCENIA.
CUM TIBI, LAURENTI, VIGILAT PLEBS SOBRIA CHRISTI,
TRANSIT, ET IN CŒLIS LAUREA FESTA COLIT.

TRADUCTION.

Généreux citoyens, ne refusez pas une larme à votre pontife le moine Maurile. Rheims lui donna le jour, Liége la nourrice des études le désaltéra à la triple fontaine philosophique. Il acheva pour vous cet édifice, qui n'était que commencé, et en fit la dédicace avec une vive joie. Il trépassa le jour où le peuple chrétien jeune et veille en ton honneur, ô Laurent. Maintenant il assiste aux fêtes du ciel.

1078. JEAN II, de Bayeux, 46° archevêque.

Il était neveu du duc Richard Ier. Jean mourut la huitième année de son épiscopat. Il fut enterré, dit Orderic Vital, dans le baptistère de la basilique, au nord, *in baptisterio basilicæ ad aquilonem*. Le même historien nous apprend qu'on lui dressa une tombe en pierre blanche, *ex albo lapide*, sur laquelle on lisait l'inscription qui suit:

METROPOLITA TUUS JACET HIC URBS ROTHOMAGENSIS,
 CULMINE DE SUMMO QUO MORIENTE RUIS :
ECCLESIÆ MINUUNTUR OPES, SACER ORDO TEPESCIT,
 PROVIDA RELLIGIO QUEM SUA CONSTITUIT.
HIC NEGLECTA DIU CANONUM DECRETA REFORMANS
 INSTITUIT CASTE VIVERE PRESBYTEROS.
DONA DEI SUB EO VENALIA MILLE FUERE,
 HINC ET OPES LARGAS CONTULIT ECCLESIÆ.
LINGUA DISERTA, GENUS, SAPIENTIA, SOBRIA VITA
 HUIC FUIT, EXIGUUS QUEM TEGIT ISTE LAPIS.
NONA DIES SEPTEMBRIS ERAT, CUM CARNE JOHANNES
 EXPOLIATUS ABIT. SIT SIBI VERA QUIES.
   AMEN.

Traduction.

Ton métropolitain gît ici, ô ville de Rouen. En mourant il t'entraîne du faîte où tu étais placée. Les richesses de l'église diminuent ; l'ordre sacré, que sa piété prévoyante avait institué, s'affaiblit. Réformateur des règlements canoniques tombés en désuétude, il apprit aux prêtres à vivre chastement. Sous lui on vendit une foule d'indulgences, ce qui enfla le trésor de l'église. Eloquence, naissance, sagesse, vie exemplaire, il eut tout, celui que couvre cette pierre exiguë. On était au neuvième jour de septembre lorsque Jean dépouilla la chair mortelle. Qu'il jouisse du repos éternel. Amen.

1102. Sibylle, femme de Robert II, duc de Normandie.

Née en Italie, mariée en 1100. Elle était fille de Geoffroy, comte de Conversane, neveu de Roger Guiscard duc de la Pouille.

« Dans la nef de l'église, dit Orderic Vital, « une dalle polie en pierre blanche couvre sa « tombe, *in navi ecclesiæ polita de albo lapide « lamina tumulum operit.* » On y avait gravé cette épitaphe :

Nobilitas, species, laus, gloria, magna potestas,
   Vivere perpetuò non faciunt hominem.
Nam generosa, potens, dives comitissa Sibylla
   Hoc jacet in tumulo condita, facta cinis.
Cujus larga manus, mens provida, vita pudica,
   Prodisset patriæ, si diuturna foret.
Normanni dominam, gens Apula deflet alumnam
   Cujus in occasu gloria magna ruit.
Velleris aurati cum Titan sidus inibat,
   Mortem passa ruit. Sit sibi vita Deus.

Noblesse, beauté, louange, gloire, vaste puissance, n'empêchent point les mortels de mourir ; la généreuse, la puissante, la riche comtesse Sybille en est la preuve; car, simple cendre, elle gît enfermée dans ce tombeau. Sa main bienfaisante, son ame prévoyante, sa vie pudique feraient le bonheur de son pays, si elle avait pu être immortelle. La Normandie pleure sa maîtresse, la Pouille son élève. Avec elle périt une grande gloire. Lorsque Titan entrait dans le signe du bélier doré elle quitta la vie. Qu'elle vive dans le sein de Dieu.

L'anglais Ducarel, qui écrivait vers 1767, dit que cette pierre se voyait à quelques pas de la tombe de Maurile; elle était par conséquent dans le haut de la nef.

1111. Guillaume-Bonne-Ame, 47ᵉ archevêque.

Élu en 1079, mort le 8 février 1111.
Avant l'incendie de 1200, la salle du chapitre et une partie du cloître de la cathédrale occupaient l'emplacement des chapelles de la basse nef septentrionale. Guillaume-Bonne-Ame fut inhumé dans cette salle, qu'il avait bâtie. Son épitaphe, qui fut transportée plus tard dans la dernière salle capitulaire, encore existante,

pour y être placé contre la muraille du côté du levant, était conçue en ces termes :

Relligio tua, larga manus, meditatio sancta
Nos, Guillelme, tuum flere monent obitum.
Quod pius antistes fueris, clerique benignus
Interiora docent, exteriora probant.
Ecclesiæ lumen, decus et defensio cleri,
Circumspectus eras, promptus ad omne bonum.
Fratribus hanc ædem cum claustro composuisti;
Nec tua pauperibus janua clausa fuit.
Contulit ad victum tua munificentia Fratrum
Ecclesias, decimas, rura, tributa, domos;
Exemploque tuo subjectos dedocuisti
Verba pudenda loqui, turpia facta sequi.
Fine bono felix biduo ter solveris ante
Quam pisces solis consequeretur iter.

Ta piété, ta bienfaisance, ton savoir, ô Guillaume, nous font verser des larmes sur toi. Combien tu fus prélat pieux et bon pour ton clergé, tout à l'intérieur nous l'apprend, tout à l'extérieur nous le prouve. Lumière de l'église, ornement et protecteur du clergé, tu étais à la fois circonspect et prompt à faire le bien. Tu élevas pour les Frères cette demeure avec le cloître; ta porte ne fut jamais fermée aux malheureux. Plein de munificence, tu procuras, pour l'entretien des Frères, églises, dixmes, champs, tributs, moissons. Tu appris, par ton exemple, à ceux qui étaient sous toi, à ne se servir que de paroles pudiques, à poursuivre les actions honteuses. Heureux, tu mourus d'une sainte fin six jours avant que le soleil entrât dans le signe des poissons.

1128. GEOFFROY, 48ᵉ archevêque.

Né en Bretagne, doyen de l'église du Mans, appelé au trône archiépiscopal de Rouen en 1111 par Henri I roi d'Angleterre. On ignore dans quelle partie de l'église il fut inhumé.

1165. GUILLAUME, fils de Geoffroy-Plantagenet.

Né en 1136, mort le 29 janvier 1165, à l'âge de vingt-neuf ans. Inhumé dans le sanctuaire, à gauche de l'autel. (Voir p. 164.)

1183. HENRI-LE-JEUNE, fils de Henri II roi d'Angleterre.

Né en 1155, associé au trône, par son père, en 1170, mort le 10 juin 1183. Inhumé dans le sanctuaire, à côté du précédent. (Voir p. 161.)

1183. ROTROU, 50ᵉ archevêque.

Fils de Henri comte de Warvic, et de Marguerite, sœur de Rotrou comte du Perche; appelé de l'évêché d'Évreux au trône archiépiscopal de Rouen, en 1164. Il mourut au mois de novembre de l'année 1183. On ne sait qu'il fut inhumé dans la Cathédrale de Rouen que par l'inscription suivante, que me fournit un manuscrit du xviiiᵉ siècle, dont je dois la communication à l'obligeance de mon confrère M. Auguste Le Prevost :

« *Autre épitaphe qui est dans la sous-aile*
« *gauche du chœur, du côté droit de la chapelle*
« *des SS. Ordres* (chapelle Saint-Pierre
« Saint-Paul) :

IN INTROITU SACELLI AD DEXTRAM
JACET ROTRODUS
HENRICI COMITIS WARVIC. FIL.
ARCHIDIACONUS ROTOM.
DEINDE EPISCOP. EBROIC.

DEMUM ROTOM. ARCHIEP.
IN CAUSA S^TI THOMÆ CANTUAR. LEGATUS
HENRIC. II. ANGLIÆ REGEM
ABSOLVIT.
SEDIT AB ANNO M. C. LXIV.
AD ANNUM M. C. LXXXIII.

TRADUCTION.

A l'entrée de la chapelle, à droite, gît Rotrou fils de Henri comte de Warvic, archidiacre de Rouen, puis évêque d'Évreux, enfin archevêque de Rouen. Délégué pour l'affaire de Saint-Thomas de Cantorbéry, il gracia Henri II roi d'Angleterre. Il siégea de l'an 1164 à l'an 1183.

1199. RICHARD-CŒUR-DE-LION, roi d'Angleterre et duc de Normandie.

Né à Oxford en 1157, fils de Henri II et d'Aliénor d'Aquitaine, mort le 6 avril 1199. Inhumé dans le sanctuaire, à droite de l'autel. (Voir p. 155.)

1207. GAUTIER-DE-COUTANCES, *dit* LE MAGNIFIQUE, 51ᵉ archevêque.

Élu évêque de Lincoln en 1183, nommé

archevêque de Rouen en 1184, mort en 1207, le 15 novembre. Un riche tombeau en marbre lui fut élevé dans la chapelle Saint-Pierre Saint-Paul. Il y était représenté couché, dans le costume d'archevêque. On ignore à quelle époque le tombeau et la statue ont été enlevés; on les voyait encore en 1731, d'après le témoignage de Farin.

Le même manuscrit, dont je viens de parler à l'article précédent, me fournit, pour ce tombeau, l'inscription suivante, qui ne me paraît pas beaucoup plus ancienne que le manuscrit lui-même :

IN INTROITU SACELLI AD LÆVAM
JACET
WALTERIUS DE CONSTANTIIS,
COGNOMENTO MAGNIFICUS
EX CANONICO ET THES. ROTOM.
DEINDE LINCOLN. EPISCOPO
ROTOMAG. ARCHIEPISCOPUS,
ANGLIÆ, ABSENTE RICHARD. REGE MODERATOR
OBIIT XVI NOVEMB. M. CC. VII.
ECCLESIAM ROTHOMAG.
CUM CAMERACENSI
PERPETUO JUNXIT FŒDERE.

TRADUCTION.

A l'entrée de la chapelle, à gauche, gît Gautier de Coutances, surnommé le Magnifique, d'abord chanoine et trésorier de Rouen, puis évêque de Lincoln, archevêque de Rouen, et gouverneur de l'Angleterre en l'absence du roi Richard. Il mourut le 16 novembre 1207. Il unit l'église de Rouen à l'église de Cambray par un accord indissoluble.

1234. MAURICE, 54ᵉ archevêque.

(Voir la description de son tombeau, p. 33.)

1275. EUDES RIGAUT, 57ᵉ archevêque.

Élu en 1242, décédé le 2 juillet 1275, inhumé dans la chapelle de la Vierge, « vers « l'entrée, du côté du midi; auquel lieu est « son sépulchre d'une structure magnifique, « dit un ancien manuscrit. » Ce tombeau fut brisé par les Calvinistes en 1562. Il n'en existe plus de trace.

127.. INGUERRAN D'ÉTRÉPAGNY, archidiacre.

On ignore la date précise de sa mort. (Voir p. 151.)

12... Pierre de ...., chanoine de la Cathédrale.

Inhumé dans le haut de la nef. (Voir p. 187.)

128.. Étienne de Sens, archidiacre.

Inhumé dans la nef. (Voir la description de sa tombe, p. 189.)

1306. Guillaume de Flavacourt, 58ᵉ archevêque.

Élu en 1275, décédé le 5 avril 1306. On voyait son tombeau dans la chapelle de la Vierge, à gauche en entrant. Un treillis de fer fermait l'arcade du tombeau, qui était en marbre noir et orné de sculptures. Les Calvinistes arrachèrent, en 1562, la lame de cuivre, sur laquelle était tracée l'épitaphe qu'on va lire :

*Cy gist homme de bonne memoire
monsʳ guillaume de flavacourt, jadis archevesque de Rouen,
qui trespassa en l'an de grace mil ccc et vi, le vɪᵉ jour d'aporil.
pries Dieu pour l'ame de luy.*

Ce mausolée n'existe plus.

1328. Hugues Chalançon, chanoine.

Il avait été chantre de l'église de Clermont avant d'être chanoine de la Cathédrale. On ignore dans quelle partie de l'église il repose.

1330. Guillaume de Durefort, 61ᵉ archevêque.

Élu en 1319. On présume qu'il fut inhumé dans la chapelle Saint-Pierre Saint-Paul, auprès de Gautier de Coutances, un de ses prédécesseurs. On lui consacra, dans le dernier siècle, l'épitaphe qu'on va lire :

HIC JACET

GUILLELMUS DE DUREFORT

S. SEDIS APOST.

IN TOTA GALLIA VICARIUS

A SEDE LINGONENSI

AD ROTOM. TRANSLATUS AN. M. CCC. XIX.

OBIIT AN. M. CCC. XXX.

1342. Aymery Guenaud, 63ᵉ archevêque.

Élu en 1339. Inhumé dans la chapelle de la Vierge, à droite vers l'entrée, près d'Eudes

Rigaut. On plaça, vers le xviie siècle, cette inscription sur son tombeau :

HIC JACET
AYMERICUS GUENAUT
EX ANTISSIODOR. EPISCOPO
ARCHIEPISCOPUS ROTOMAG.
CLEMENTIS VI. SUM. PONT.
PROXIMUS IN SEDE ROTOMAG. SUCCESSOR.
QUAM TENUIT ANNIS FERME IV.
MORA QUIDEM BREVI,
MANSURAM DIU BENEFICENTIÆ LAUDEM
CONSECUTUS
OBIIT XV. KAL. FEBR. M. CCC. XLII.

1357. JEAN MALLET, sire de Graville ;
DOUBLET ;
MAUBUÉ.

Inhumés dans la chapelle des Innocents. (Voir p. 195.)

1368. BARTHELEMY REGNAULT, chanoine.

Inhumé dans la chapelle de la Vierge. « *Volo* « *et ordino* », dit-il dans son testament, « *quàm*

« *bonum et sufficientem tumulum seu tombam*
« *suprà me habeam secundùm loci decentiam*
« *et..... respectu ad tumulos vicinos tumulo*
« *meo.* » (Archives de la Cathédrale.)

1380. Charles V, roi de France.

Né à Vincennes le 21 janvier 1337, mort le 16 septembre 1380. Son corps fut porté à Saint-Denis, son cœur à Rouen (voir p. 171). Il avait été duc de Normandie du vivant de son père, auquel il succéda en 1364.

1414. Guillaume Carrel, chanoine.

Il demanda par son testament à être enterré dans la chapelle de la Sainte-Trinité, qu'on nommait aussi, de son temps, la chapelle des Brienchons, soit que les membres de cette famille y fussent d'ordinaire inhumés, soit qu'ils y eussent fait quelque fondation.

Cette chapelle était dans le transept du midi, à l'opposé de la chapelle Saint-Romain.

1414. Gilles Deschamps, cardinal.

Né à Rouen, confesseur de Charles V, évêque

de Coutances, puis cardinal, mort au mois de mars 1414. Il fut inhumé dans la chapelle de la Vierge. Les Calvinistes, en 1562, brisèrent la statue en marbre blanc de son tombeau. Voici quelle était son épitaphe :

In hac sepultura jacet bonæ memoriæ, quondam eminentissimæ scientiæ nobilis vir magister Ægidius de Campis, de Rotomago oriundus, sacræ theologiæ eximius professor, episcopus Constansiensis, ac sacrosanctæ Romanæ ecclesiæ presbyter cardinalis Constantiensis nuncupatus, qui obiit anno domini 1413 die 15 mensis martii, qua die fundatus est suus obitus et in hac ecclesia celebratur. »

TRADUCTION.

Dans ce tombeau gît noble homme de bonne mémoire et de science éminente maître Gilles Deschamps, né à Rouen, excellent professeur de la sacrée théologie, évêque de Coutances et prêtre de la sainte Église Romaine, dit le cardinal de Coutances. Il mourut l'an de notre seigneur 1413, le 15 de mars, auquel jour fut fondé et se célèbre son obit dans cette église.

1416. Jean Ros.

Inhumé dans la chapelle Saint-Étienne de la Tour-de-Beurre. Il avait fait don à la paroisse d'une maison pour le logement du curé. Une lame de cuivre, placée contre la muraille, rappelait, en souvenir du bienfait, et la donation, et *la messe à notes* célébrée chaque année pour l'ame du défunt.

1435. Jean, duc de Bedford.

Fils de Henri IV et frère de Henri V, rois d'Angleterre. Mort à Rouen le 14 septembre 1435; inhumé dans le sanctuaire. (Voir p. 167.)

1436. Guillaume de Baudribosc, prêtre.

On ne sait pas dans quelle partie de l'église son corps fut déposé.

1438. Philibert Audouet, sire de Courchan.

Mort à Rouen le 21 octobre 1438. Il fut inhumé, disent les registres capitulaires, dans la chapelle du Saint-Esprit, au côté droit, proche l'autel (transept méridional.)

Ce personnage était chevalier.

1440. DENIS GASTINEL, chanoine.

Dans le transept du nord (voir p. 180.)

1446. GUILLAUME LEFEBVRE, chanoine.

Inhumé dans la chapelle des Innocents de la basse-nef méridionale. Il avait été curé de Saint-Denis de Rouen.

1452. RAOUL ROUSSEL, 76ᵉ archevêque.

Né à Vernon, mort à Rouen le 31 décembre 1452. Inhumé dans la chapelle de la Vierge, du côté droit. Son tombeau, qui n'existe plus aujourd'hui, était placé le second en entrant. Il portait cette épitaphe :

> Hic jacet bonæ memoriæ et eminentis scientiæ vir dominus Radulphus Roussel, utriusque juris doctor erimius, quondam reverendissimus hujus ecclesiæ Rothomagensis antistes, qui obiit anno D. 1452. ultima die decembris.

Traduction.

Ici gît homme de bonne mémoire et de science éminente messire Raoul Roussel, docteur distingué de l'un et l'autre droit, jadis révérendissime prélat de cette église de Rouen. Il mourut l'an de notre Seigneur 1452, le dernier jour de décembre.

Le testament de cet archevêque, qui est daté du 25 octobre 1452, existe en original aux anciennes archives de la Cathédrale. On y lit, entre autres dispositions, qu'il lègue à son barbier « cent livres tournois et un lit « garni, savoir : le matelas, le traversin pareil, « les draps et la couverture; et à son sénéchal, « ses chemises, ses bottines et ses habits de « soie, *camisias meas, caligas et bombicinia.* » Il donne à un autre officier de sa maison sa vaisselle d'étain et de cuivre.

1454. Jean Basset, chantre de la Cathédrale.

Il demanda, par testament, à être enterré à l'entrée du chœur, auprès de l'autel Saint-Pierre.

1460. Jean Pajot, chanoine.

Inhumé dans la chapelle des Innocents.

1460. Gerard Folie, chanoine.

Son testament porte qu'il sera enterré près ou dans la chapelle de Saint-Sever, *juxtà vel infrà capellam beati Severi*. Cette chapelle est située dans la basse-nef septentrionale.

1465. Pierre de Brézé, grand sénéchal de Normandie.

(Voir la description de son tombeau, p. 53.)

1466. Alain Olivier, chanoine.

(Voir p. 179.)

1474. Jean Blondel, chanoine.

On possède son testament, où il exprime la volonté d'être inhumé dans la Cathédrale de Rouen, mais sans désigner la place. Il rédigea lui-même cet acte, étant malade dans sa maison située devant le portail des Libraires. Cette maison existe encore de nos jours.

1474. Robert le Sueur, chantre et chanoine.

Il demanda à être enterré dans l'*allée devant la chapelle de la Vierge et la chapelle Saint-Pierre Saint-Paul.*

1476. Laurent Surreau, chanoine.

Né à Sens. Sépulture incertaine.

Il donna, par testament, une partie de ses livres à l'église de Rouen : « Et veuil, dit-il, « que ceulx livres soient mis appliquez et « enchaynez en la librairie dicelle esglise pour « y estre tant quilz pourront durer au prouffit « et utilité des bons estudians sauf à les « changer à meilleurs plus prouffitables quant « on les pourra trouver, et soient escript en « grosses lettres au commencement et en la « fin : *Ex dono Laurentii Sureau in utroque* « *jure licentiati canonici hujus ecclesiæ Rothom.* « *orate pro eo.* »

Il fit également don à l'église Saint-Étienne de plusieurs autres livres, toujours sous la même condition : « Lesquels livres j'ay donnez « et donne à la d. esglise par telles conditions

« qui seront mis et enchaisnez à chaynes de
« fer avecque les autres livres d'estude dicelle
« esglise et ne pourront estre venduz alienez
« prestez ou mis hors de leurs lieux excepté
« en éminent péril et pour plus grand seurté. »

1477. Guillaume Leuvain.

Inhumé dans la transept du nord. (Voir p. 179.)

1478. Gilles Deschamps, chanoine et doyen.

Il était neveu du cardinal Gilles Deschamps, aux pieds duquel il fut enterré, dans la chapelle de la Vierge, sous une tombe plate, ainsi qu'il en avait exprimé le vœu par son testament.

Voici l'épitaphe qui était gravée sur la pierre :

Hic jacet nobilis vir quondam magnæ prudentiæ et circumspectionis ac scientiæ magister Egidius de Campis de Rotomago oriundus, licentiatus in legibus, ac hujus ecclesiæ decanus et canonicus, nepos præscripti domini cardinalis, qui obiit anno domini 1478, die ultima mensis octobris.

Ici git noble homme, jadis plein de prudence,

de modération et de science, maître Gilles Deschamps, né à Rouen, licencié en droit, doyen et chanoine de cette église, neveu du dessusdit cardinal. Il mourut l'an de notre seigneur 1478[1], le dernier jour du mois d'octobre.

1479. PHILIPPE DE LAROSE, chanoine.

Né à Paris, trésorier de la Cathédrale de Rouen, puis archidiacre du Petit-Caux. Il demanda à être enterré dans la nef devant le crucifix, sous une tombe neuve convenablement sculptée; « *supra qua sepultura apponi volo unam tumbam novam sculptam decenter et honeste, quam citius,* » dit son testament.

On doit à Philippe de Larose la charmante clôture gothique en pierre de la sacristie.

1480. GUILLAUME ROUSSEL, chanoine.

Sépulture incertaine. Il était neveu de l'archevêque Raoul Roussel.

---

[1] L'imprimé d'où j'ai extrait cette épitaphe porte 1438. C'est évidemment une erreur, puisqu'on possède le testament olographe de Gilles Deschamps, qui est daté du 2 septembre 1477. Cette pièce existe aux anciennes archives de la Cathédrale.

1480. Pierre Lefrançois, chanoine.

On a son testament, où il dit qu'il veut être inhumé dans le côté gauche du chœur, vers l'angle de l'autel de Saint-Pierre apôtre ; *in sinistrâ parte chori versus angulum altaris beati Petri apostoli.* « Et je veux, ajoute-t-il, qu'à
« l'endroit de ma sépulture, sur le pavé, ou
« sur le mur, ou sur le pilier qui est devant
« le lieu de l'inhumation, on inscrive mon
« nom ou mon épitaphe, afin que les fidèles
« en Jésus-Christ adressent des prières au
« dieu de miséricorde, pour le salut de mon
« ame. »

1482. Guillaume Auber, chancelier de la Cathédrale.

« Dans la chapelle de la Trinité, aujourd'hui
« la petite sacristie, dit Farin, est une tombe,
« autour de laquelle on lit ces mots :

Ci gist venerable homme Guillaume Auber, chancelier, chanoine et curé de Saint-Michel de cette ville, lequel trépassa le Dimanche vint et chinquiesme d'aoust l'an mil quatre cens quatre vingt deux. priez Dieu pour l'ame de lui.

Il ajoute :

« Sur une tombe à côté de celle-là, on lit :

..... Rendtus ...... Godefroy de Cadomo oriundus, artium et medicinæ doctor, hujus ecclesiæ canonicus, et curatus Caluendæ. obiit die 24 januarii, 1....

1483. Robert le Goupil, chantre et chanoine.

Sépulture incertaine. Il demeurait à Rouen, sur la paroisse de Saint-Pierre-du-Châtel, *in vico Anserum*, dans la rue aux Oies, en vieux français la rue aux Ouës, depuis, par corruption, la rue aux Ours, nom qu'elle porte aujourd'hui.

1483. Guillaume d'Estouteville, 77⁰ archevêque.

Fils de Jean II seigneur d'Estouteville et de Valmont ; allié, par sa mère Catherine de Bourbon, à la famille royale. (Voir p. 182.)

1486. Nicolas Dubosc, chanoine.

Il était aussi doyen de l'église de Bayeux. Inhumé dans la chapelle de la Vierge, *versus altare*.

1488. Jean Jouglet, chanoine.

Il était licencié en droit. Jean Jouglet exprima, dans son testament, le désir d'être inhumé « contre l'huis du revestiaire et le « petit huis du cuer (du chœur) le plus droit « que on porra parmy le lieu ou le prestre « diacre et sousdiacre passent en alant dire la « grant messe. »

1489. Pierre Escoulanc, chanoine.

Inhumé dans la chapelle du Jardin. Ce chanoine, dans son testament, fit un jeu de mots pour indiquer la place où il voulait que son corps fût déposé : « *Ad caput tumbæ* « *de* Carrel *sub primo* carrello », dit-il; à la tête de la tombe de M. *Carrel*, sous le premier *carrel* (carreau). Il fallait que le bon chanoine eût bien envie de faire de l'esprit, pour en faire dans cette occasion.

1490. Robert Duquesney, chanoine.

Né à Rouen. Il demanda à être enterré au milieu de la chapelle de Saint-Barthelemy, autrement dite du Revestiaire ou de la Sacristie.

1493. Jean Sebire, chanoine.

Inhumé à l'entrée de la chapelle de la Vierge. Il laissa, par testament, cent écus d'or pour faire ses divers services dans la Cathédrale, demandant qu'ils fussent faits *bien et notablement.* Il voulut que, le jour de son premier service, il fût dit « cinquante petites messes, « à célébrer par gens de l'église notables non « suspes (suspects) de incontinence et de « lubricité; lesquels, ajoute le testateur qui « prenait ses précautions, seront pris et choisis « par mes exécuteurs testamentaires. »

1493. Robert de Croismare, 78e archevêque.

Élu en 1483, décédé en son palais archiépiscopal le 18 juillet. Il demanda, par son testament, fait au prieuré de Grammont le 29 mars 1492, à être enterré dans la Cathédrale, à l'endroit trouvé le plus commode, le plus honnête et le plus convenable par le Chapitre et par ses exécuteurs testamentaires. On l'inhuma dans la chapelle de la Vierge, au côté droit. Sa tombe n'existe plus. On y inscrivit, plus tard, l'épitaphe suivante :

> HIC JACET
> ROBERTUS DE CROISMARE
> EX CANONICO ET ARCHID. MAJ. CAL.
> ARCHIEPISCOPUS ROTOMAGENSIS
> ELECTUS DIE XX MART. M. CCCC. LXXXIII.
> E CALETENSI PAGO ROTOM. DIŒCESIS
> ORIUNDUS ;
> PACIS COLENDÆ STUDIO,
> EXIMIA BENIGNITATE,
> TEMPLO DONIS INSIGNIBUS ORNATO
> PATRIÆ ET ECCLESIÆ SUÆ COMMENDATUS
> OBIIT DIE XVIII. JUL. M. CCCC. XCIII.

Robert de Croismare avait fait don à la Cathédrale de très belles orgues, ainsi que de plusieurs tapisseries de haute lisse pour garnir le chœur.

1494. GUILLAUME GALLAND, chanoine.

Inhumé dans la chapelle de la Vierge.

1494. ROGER VITULI ou VEEL, chanoine.

Sépulture incertaine. J'ai retrouvé, dans les

archives de la Cathédrale, le compte détaillé de la dépense de ses funérailles. On y remarque que les hommes qui portèrent le corps à l'église reçurent chacun un sol. Les pauvres qui l'accompagnèrent, la torche à la main, furent payés le même prix. Quant au Chapitre, il reçut 20 liv. 8 s. 4 d.

1495. Jean Dubuc, trésorier et chanoine.

Enterré dans la chapelle de la Vierge.

1499. Blanche Lommet, veuve Rollin.

Inhumée dans la chapelle de la Vierge. Une lame de cuivre indiquait la place de sa sépulture.

1499. Robert Godefroy, chanoine.

Il était curé de Saint-Gervais, au diocèse de Coutances. Son testament porte qu'il sera enterré dans la chapelle de Notre-Dame-du-Jardin, auprès de la sépulture de Guillaume Auber; « *in capella beatæ Mariæ de Gardino,* « *juxta sepulturam magistri Guillelmi Auber.* »

1500. Jean Masselin.

Doyen en 1488. Il fut inhumé dans le chœur, d'après le vœu exprimé dans son testament; mais ce ne fut pas sans une vive opposition de la part du Chapitre. (Voir *Avant-propos*, p. xxii.)

1501. Jean Le Maçon.

Inhumé dans le bas de la nef, du côté de la Tour-de-Beurre, où était placée la cloche *Georges-d'Amboise*, qu'il avait fondue. (Voir p. 198.)

1502. François Picard, archidiacre du Grand-Caux.

Enterré dans la chapelle de la Vierge, proche du tombeau de Robert de Croismare, disent les annalistes de la Cathédrale.

1503. Richard Le Maçon, chanoine.

Il paraît que ce chanoine affectionnait particulièrement la chapelle Sainte-Anne, car il demanda, par son testament, à être inhumé *dedens, ou près, ou joignant* cette chapelle.

1505. Jean de Latre (*de Atrio*), chanoine.

Inhumé dans la chapelle de la Vierge.

1505. Nicole Sarrazin, chanoine.

Inhumé dans la chapelle Saint-Pierre Saint-Paul. (Voir p. 152.)

1505. Renaud Chuffes, chanoine.

Inhumé dans la même chapelle, ainsi qu'il l'avait exigé par son testament fait le 21 juillet 1505. Il était archidiacre d'Eu.

1506. Richard Perchart, chanoine.

Enterré dans la chapelle de la Vierge.

Ce chanoine avait fait don à la Cathédrale d'un superbe missel manuscrit, qui, de la bibliothéque du Chapitre, a passé dans celle de la ville, où il est conservé sous le n° 268. On lit sur le dernier feuillet :

« *Hunc librum dedit ecclesiæ Rothomagensi, ad usum majoris altaris in festis solennibus venerabilis vir magister Ricardus Perchart, in decretis licentiatus, canonicus hujus ecclesiæ, et rector ecclesiæ sanctorum Gervasii et Prothasii parisiensis.* »

1510. LE CARDINAL D'AMBOISE Ier, 79e archevêque.

(Voir la description de son tombeau, p. 71.)

1511. JEAN BARBIER.

Enterré auprès de l'orgue. Ce personnage est qualifié *horoscopus ecclesiæ*, horoscope de l'église. L'horoscope était chargé d'indiquer les heures de service aux divers officiers de la Cathédrale.

1512. GUILLAUME CAPPEL, prêtre, conseiller du roi.

Inhumé à l'entrée de la chapelle de la Vierge.

Il avait donné, par testament, à la Cathédrale, sa maison, dite des *Trois-Maures*, qui était située auprès du portail des Libraires; plus un chandelier à treize branches, et une petite croix d'or, qu'il portait d'habitude, *pesente environ quatre escus.*

Je lis, dans une note manuscrite du temps relative à ce personnage : « Il a fait metre

« et asseoir de neuf les ymages de monsieur
« Saint Michiel d'ung costé et de la Magdeleine
« d'aultre, à l'entrée de la chappelle Nostre
« Dame derriere le cueur. » C'est l'endroit
qu'il avait choisi pour sa sépulture.

1516. Guillaume d'Ambreville, chanoine.

Inhumé auprès des fonts; « *ubi mea tumba jam posita est,* » dit-il dans son testament.

1516. Jacques de Castignolles, chanoine et chancelier.

Son testament indique sa sépulture dans la chapelle de la Vierge, près de la tombe du cardinal d'Amboise.

1517. Étienne Haro, chanoine et pénitencier.

Né à Rouen. Il demanda à être enterré dans la Cathédrale, à l'endroit que désigneraient ses confrères, mais *sine pompâ et armis,* sans pompe ni armoiries.

1517. Jean III, sire d'Estouteville.

Mort à Rouen le 11 septembre, dans la

maison d'un des chanoines de la Cathédrale. Ses entrailles furent inhumées dans la nef, auprès de la sépulture du cardinal d'Estouteville son grand-oncle; son corps fut porté à l'abbaye de Valmont. (*Regist. capitul.*)

1520. ANTOINE, évêque d'Angoulême.

Inhumé dans la chapelle de la Vierge, sous une tombe plate sans inscription. Il avait été chanoine de Rouen et attaché à la personne du cardinal d'Amboise.

1521. JEAN AUBER, chanoine.

Dans la chapelle Saint-Jean des fonts.

1521. ROBERT DE BAPAUMES, chanoine.

Dans la chapelle de la Vierge.

1521. GUILLAUME LE CHARPENTIER, chanoine.

Devant la chapelle Saint-Romain.

1524. PIERRE DE LA PLACE.

Il demanda, par testament, à être enterré dans la Cathédrale, sans désigner l'endroit.

Dans ce même testament « il recommande son « ame à Dieu son créateur, à la glorieuse « Vierge Marie, à monsieur Saint-Michel, à « monsieur Saint-Romain et à toute la cour « céleste du Paradis. »

1527. Pierre de Mellicourt, chanoine.

On peut voir sa pierre tumulaire dans l'aile méridionale du chœur, non loin de la sacristie. L'inscription est presque entièrement effacée; cependant on peut lire encore ces mots :

Ici gist pierre de Mellicourt en son vivant licencié en lois chanoine de ceste église .... il trespassa l'an mil cinq cens xxvii.........

1528. Le Défublé.

Horoscope de l'église. Inhumé auprès de l'entrée du grand portail.

1528. Guillaume de Sandouville, chanoine.

Inhumé dans la chapelle de Saint-Sever, « où, dit son testament, *ay faict asseoir ma tombe.* »

Il était conseiller de Charles VIII.

1530. Jean de Betencourt, chanoine.

Enterré près de la chapelle Saint-Pierre Saint-Paul.

1531. Louis de Brézé, gouverneur et grand sénéchal de Normandie.

(Voir la description de son tombeau, p. 105.)

1534. Eustache Grossier, chanoine.

Sépulture incertaine. Eustache Grossier était curé de Grainville-la-Teinturière. On lit dans son testament :

« Je lesse mon signet (mon cachet), lequel
« fust à monsieur mon oncle, à mectre à la
« fierte monsieur sainct Roumain et cinq solz
« pour le faire attacher à la d. fierte. »

1535. Guillaume Tulles, chanoine.

Son testament porte :

« Je eslys la sépulture de mon poure (pauvre)
« corps a estre mys et inhumé en l'allée estante
« le cœur et le revestiaire au lieu et place ou
« jay faict mettre et asseoir en mon vivant
« une tombe de pierre gravée en mon nom

« et repputation soubz le bon plaisir auctorité
« et permission de mes seigneurs messieurs
« de chapitre de la d. eglise. »

Je n'ai pu retrouver cette tombe.

1535. Guillaume de Chalenges, chanoine et grand chantre.

Inhumé dans l'aile droite du chœur. On lisait les vers suivants sur sa tombe :

EN GUILLELMUS ADEST CHALIENGEUS, NOBILIS ORTU,
    CONSULE ROTOMAGI PRÆSIDE PATRE SATUS.
PRINCEPS EBROICIS DIACONUS, ET ÆDE SONORUS
    HAC PRÆCENTOR, HABENS HIC ET IBI CANONA.
ARTE POTENS CANTU, FIDIUMQUE PERITUS, HONESTO
    MAGNIFICUS SUMPTU, PAUPERIBUSQUE PIUS.
QUARTO HUNC SEXAGENUM AUGUSTI SOLE TULERUNT
    TER SEPTEM ADPOSITIS LUSTRA DECEM DECIES.

Là est Guillaume de Chalenges, noble d'origine, né d'un père président à Rouen, archidiacre d'Évreux, chantre brillant de cette église, chanoine de l'une et de l'autre. Il fut fameux dans l'art du chant, et habile musicien. Magnifique sans faste, il fut pieux envers les pauvres. La mort l'enleva sexagénaire, le quatre août mil cinq cent trente-cinq.

1536. Guillaume Le Gras, chanoine et doyen.

Mort le 9 mars 1536. Inhumé dans la chapelle de la Vierge.

1536. Jean Le Lieur, chanoine et doyen.

Il a dû être enterré dans la chapelle de la Vierge, ayant demandé, par son testament, à être inhumé *où les doyens et chanoines ont de coustume estre inhumes*, « et sur le tombeau, « ajoute-t-il, soit escript mon nom sans ce qu'il « y ait riens escript qui face mension des biens « de mondaine fortune. »

Je crois devoir transcrire le legs suivant, du même testament :

« Je laisse à la chasse N. Dᵉ. quatre verges « (bagues) ou il y a en une, une petite esme- « raude, en laultre une petite turquoise, en « laultre ung petit saphir et en laultre ung petit « rubi. Et pour estre affiché à la chasse Sainct « Romain une croix dor de vieille fachon où il « y a quatre rubis de petite valleur. Et oultre « pour la décoration du Saint Sacrement de « lautel je laisse à la d. fabrique de Nᵉ. Dame de

« Rouen une boette dor pour servir à mectre
« le pain à chanter pour le grand autel. »

1542. Jean Conseil, chanoine.

Sépulture incertaine. Dans son testament il donne à Richard Mauger, son serviteur, « vingt
« ecus d'or sol pour luy aider à le faire passer
« maistre du mestier de cuysynyer. »

1544. Étienne Burnel, chanoine.

Cet ecclésiastique était curé de Roncherolles. Il voulut être enterré *entre la porte du chœur et l'huys à la maison archiépiscopale.*

Il légua, par testament, « à la fierte Nostre
« Dame une bague d'or ou il y a ung ruby
« enchassé et une perle pendante et à la fierte
« Sainct Romain une verge d'or ou il y a ung
« dyamant enchassé en facon de poincle. »

1544. Guillaume le Parmentier.

Inhumé dans la chapelle Saint-Sever, près de la tombe de son oncle, M. de Sandouville.

1545. Jean Busquet, chanoine.

« Je veulx estre enterré, dit-il dans son « testament, auprez du coffre ou j'ay accous- « tumé prendre mon habit. » Ce vœu bizarre reçut son exécution, mais on ne sait où était placé ledit coffre.

1547. Jean de Labarate.

Il était chanoine de la Cathédrale et archidiacre du Petit-Caux. Inhumé devant l'image de l'*Ecce homo*.

1548. Nicolle Restout, chanoine.

Inhumé *aux carolles devant le cadran*[1]. On ignore de quel lieu il est ici question.

1548. Philippe de Mondor, chanoine.

Inhumé *en la chapelle Nostre Dame, près du tronc des pauvres*, dit son testament.

---

[1] *Carolles*, petite balustrade.

1549. MICHEL TARDIVEL, chanoine.

Inhumé devant l'image de l'*Ecce homo.*

1550. GEORGES D'AMBOISE II, 80ᵉ archevêque.

Élu à l'archevêché de Rouen le 30 juillet 1510, à l'âge de vingt-trois ans, nommé cardinal en 1545, décédé au château de Vigny le 25 août 1550. Inhumé dans la chapelle de la Vierge. (Voir p. 83.)

1551. MASSELIN.

Neveu d'un chanoine du même nom. (Voir p. 233.)

Il demanda à être inhumé devant l'image de l'*Ecce homo.* Il paraît que cette place était très ambitionnée.

1553. ROBERT NAGEREL, chanoine.

Archidiacre du Vexin normand, docteur en médecine. Il fut inhumé dans la chapelle de la Vierge, sous une tombe plate, qui fut embellie plus tard d'incrustations en cuivre.

Cette tombe se voit encore auprès du mausolée des cardinaux d'Amboise, dont Robert Nagerel était allié. La pierre tumulaire porte une longue inscription qui est commune à cinq membres de la même famille.

1554. Pierre Croismare, chanoine.

Par testament olographe du 7 juillet 1554, il demanda à être enterré à côté de son oncle, Pierre de Croismare.

1556. Jean Pennyer.

Ce personnage est qualifié, dans les registres capitulaires, *sigillifer curiæ archiepiscopalis*, porte-scel de la cour archiépiscopale. Ce titre équivalait sans doute à celui de chancelier. Jean Pennyer fut enterré dans la chapelle du Jardin.

1559. Michel Le Bret.

Chanoine et archidiacre du Vexin français. Cet ecclésiastique était vicaire général et trésorier du cardinal de Bourbon, archevêque de Rouen, surnommé le roi de la Ligue.

Il fut enterré dans la chapelle de la Vierge.

1559. Jean Thorel.

Conseiller au parlement de Rouen et chanoine de la Cathédrale.

On lit dans son testament : « Je veulx que « douze povres assistent à mon enterrement « vestuz d'estoffes a pourpointz, chausses, « bonnetz et chaperon, le tout à deul de drap « noir du pris de soixente solz pour le moins « l'aulne. »

1562. Charles de la Rochefoucault, comte de Randan, colonel général de l'infanterie française.

Son cœur fut déposé dans la chapelle de la Vierge, *en une fosse préparée soubz la tombe du legat d'Amboise, de la maison duquel il était sorti, et fut mis ung epitaphe près du dict lieu,* dit un manuscrit du temps. Cette épitaphe était ainsi conçue :

« *Ci gît le cœur de noble, puissant, très vaillant, très vertueux seigneur messire Charles de la Rochefoucault chevalier de l'ordre du Roy, capitaine de cinquante hommes d'armes de ses ordonnances, et colonel général de toutes les bandes et infanteries de France, baron de Celfrein et du Luguet, seigneur de Randan, de Sigognes, des Pins, et de Bezard, le quel en son vivant eut l'heur de traiter la paix entre les royaumes de France, d'Angleterre et d'Ecosse, au tems du Roy François II. Et fut blessé à l'assaut et prise du mont Sainte Catherine de Roüen, dont il mourut le 4 novembre 1562, agé de trente sept ans.* »

On lisait, sur une table en marbre noir qui était attachée à la muraille, une seconde inscription, dont celle que nous venons de rapporter n'était en quelque sorte que la répétition; elle se terminait par ces mots :

FVLV. CON. POSVIT.

qu'on peut traduire ainsi :

Fulvia conjux posuit.

En effet, il avait épousé Fulvie de la Mirande.

1566. JEAN D'ESTOUTEVILLE, sire de Villebon.

Dernier mâle de sa branche. Mort à Rouen,

dont il était bailli et capitaine. Il était aussi prévôt de Paris. Son cœur fut placé dans le tombeau du cardinal d'Estouteville, son parent.

1570. Jean Nagerel, chanoine et archidiacre.

Inhumé dans la chapelle de la Vierge, sous la tombe de Robert Nagerel, son oncle.

1578. Charles Becquet, chanoine.

Inhumé dans la chapelle de la Vierge.

1579. Jean Dizy.

Boulanger du Chapitre. Il fut enterré devant la chapelle Saint-Fiacre.

1580. Denis de la Fontaine.

Il demanda à être enterré *au long ou autour des fonts*. Il assigna, pour ses funérailles et son inhumation, 534 l. 8 s., « en especes qui
« en suyvent, dit son testament, assavoir
« cinquante et huit escus sol, deux cens qua-
« rante et quatre testons, quarante et quatre
« francz, deux quartz d'escu, trente et six

« pistolletz, sept chignolles d'or, et trois
« marionnettes d'or. »

1581. Romain Daniel,

Il était coutre de l'église¹.

« Il a été ordonné, disent les registres
« capitulaires, que le corps dudit coutre sera
« inhumé près les orgues où on a accoutumé
« d'inhumer les coutres. »

Cette place était réservée aux coutres de la Cathédrale, comme étant voisine du cadran, qu'ils étaient chargés de gouverner. Ils recevaient, pour cet emploi, vingt sous par an. (*Registres capitulaires.*)

1581. Damien de Piscard, chanoine.

Inhumé *devant la présentation de Ecce homo devers la chapelle du Sainct Esprit*, dit son testament. Ainsi, l'image de l'*Ecce homo* était placée dans le transept du midi.

---

[1] Coutre, du mot latin *custos*.

1586. Jean Le Brun, prêtre.

Il demanda, par son testament, à être enterré « en *la nef devant l'image de la benoiste vierge* « *Marie.* »

1587. Hector de Dampierre, chanoine.

Inhumé devant le crucifix.

1594. Jean Bigues, surnommé Saint Desir, chanoine et archidiacre.

Il était conseiller et aumônier de Henri III. Il demanda, par son testament fait en 1590, à être enterré dans la chapelle de la Vierge, « soubz une tombe, devant le tableau qu'ont « faict mettre M^{rs} de la confrarie Nostre « Dame. »

On connaît son épitaphe, la voici :

SCANDESIDERIUS, QUI DUM DESIDERAT ESSE
CUM CHRISTO, CUPIT ET DISSOLVIT ; SOLVIT HONORES
IPSE SIBI EXTREMOS, SACRÆ DECUS ÆDIS, IN URBE
ROTHOMAGI, SUB BORBONIO, SUB VINDOCINOQUE
CARDINALIBUS MAGNIS, TEMPLI TIBI, CHRISTE, DICATI.

1594. Antoine Marc, chantre.

Né à Rouen. Prince de la confrérie de Sainte-Cécile en 1605.

Inhumé dans la chapelle de la Vierge.

1595. André de Brancas, seigneur de Villars.

Grand amiral de France. S'étant jeté dans le parti de la Ligue, il soutint le siége de Rouen contre Henri IV en 1592. Fait prisonnier à la bataille de Dourlens en 1595, il fut lâchement assassiné par la populace de cette ville. Henri IV estimait son courage et son caractère. Ses obsèques furent célébrées avec pompe dans la Cathédrale, le 5 septembre 1595. On lit, entre autres détails, dans une relation manuscrite de cette cérémonie :

« Aprez marchoit ung homme de cheval
« vestu de vellours noir et le d. cheval capa-
« rassonné de vellours noir avec une grande
« croix de satin blanc le quel homme portoit
« une ensaigne en la quelle y avoit paint ung
« homme de cheval toult armé le quel se

« jettoit dens ung feu et y avoit escript en la
« dite ensaigne vernie *amor patriœ*.

« Aprez marchoient sept pages vestus de
« vellours noir le premier portant la lance
« du d. deffunct s^r admiral, le second sa
« cuirasse, le troysiesme ses ganteletz, le qua-
« trieme son heaulme, le cinq^{eme} ses esperons,
« le sixiesme son espée et le septiesme lecusson
« de ses armes, chacun sur ung coiessin de
« vellours noir couvert de crespe noir. »

Le sire de Villars fut inhumé dans la chapelle de la Vierge, dans un petit caveau qui en occupe le centre. En faisant quelques fouilles, en 1737, dans cette chapelle, on découvrit le caveau et le corps du personnage. Cette sépulture, comme tant d'autres, était tombée dans l'oubli.

1599. ADRIEN BALLUE, chanoine.

On lit dans son testament :

« Quand à mon miserable corps et charongne
« qui couvre ceste pauvre ame pecheresse à
« cause d'inumerables maux il a asservir et
« obliger au diable viande aux corbeaux et

« aux betes, chose qui vaut le parler ny moings
« descrire, je veil quil soit mis à Nostre Dame
« devant l'autel Saincte Cecille. »

Cet autel était placé sous le jubé, à gauche.

1607. Demoiselle DAUBEUF, femme CAVERON.

Inhumée dans la chapelle de la Vierge, proche du tombeau de Brézé.

1614. DE MARTINBOS, chancelier de la Cathédrale.

Inhumé dans la chapelle de la Vierge.

1615. CHARLES GUEROULT, sieur du Manoir.

Dans la chapelle Saint-Étienne de la Tour-de-Beurre, sous une tombe de marbre. On avait gravé sur la tombe :

« *Ci gît Charles Gueroult, ecuyer, sieur du Manoir, en son vivant conseiller secrétaire du Roy, maison et couronne de France, qui décéda le 10 février 1615, et demoiselle Baudry son épouse, qui décéda le 8 décembre 1610.*

« *Priez Dieu pour leurs ames.* »

1617. JACQUES DE BOURDIGAL, chanoine.

Inhumé dans la chapelle Saint-Pierre Saint-Paul.

1620. LANCFRANC BIGOT, sieur de Tibermenil.

« Devant le crucifix, dit Farin, sur une table de marbre noir, est écrit :

« *Cy gît noble et discrete personne maître Lancfranc Bigot, prêtre, sieur de Tibermenil, lequel ayant été chanoine en l'eglise de ceans, soixante-cinq années, décéda le 26. mars 1620. agé de 87. ans. Priez Dieu pour son ame.* »

La tombe et l'inscription ont disparu.

1628. JACQUES TURGIS ;
ROBERT TALLEBOT ;
CHARLES LE BRASSEUR ;

(Voir leur épitaphe p. 192.)

1633. MARIN LE PIGNY, chanoine et archidiacre.

Député aux états de Blois en 1588. Médecin et prédicateur.

Mort le 4 septembre 1633, à l'âge de 80 ans. On l'inhuma dans la chapelle de la Vierge, sous la pierre tumulaire de MM. Nagerel, comme l'indique l'inscription.

1636. Louis de Ver, chanoine et conseiller au Parlement de Rouen.

On voit par cet exemple, et j'en pourrais citer plusieurs autres, qu'il n'était pas toujours nécessaire d'être dans les ordres pour être chanoine de la Cathédrale de Rouen.

Louis de Ver fut inhumé auprès de la chapelle Saint-Pierre Saint-Paul, non loin de son grand oncle, qui avait été également chanoine.

1640. Nicolas Brice, chanoine.

« M₁ Brice l'Ancien, dit Pommeraye, choisit
« sa sépulture sous une grande tombe de
« marbre noir brute, où il fut mis le 4 août
« 1640, au bas du crucifix, près du jubé. »
MM. Brice, oncle et neveu, avaient fait don à la Cathédrale de ce même crucifix.

1642. **Nicolas Le Royer**, chanoine et chantre.

Inhumé vers le haut de la nef, auprès du tombeau du cardinal d'Estouteville. Il avait été aumônier de Louis XIII.

1648. **Jean Le Prevost**, chanoine.

On voyait, dans l'ancienne bibliothèque de la Cathédrale, qu'il avait dirigée, son portrait avec cette inscription :

JOANNES LE PREVOST ECC. ROTHOMAG. CANONICUS, BIBLIOTHECARIUS, VIR ERUDITUS ET FRUGI. OBIIT ANNO DNI 1648, ÆTAT. 47.

Jean Le Prevost demanda à être enterré au pied de l'escalier qui conduisait à cette même bibliothèque (transept du nord).

Ce chanoine était fort instruit, et a laissé des preuves de son érudition.

1654. **François de Harlay**, 85ᵉ archevêque.

Né à Paris en 1586, nommé coadjuteur en 1614, puis archevêque en 1651 ; mort à Gaillon le 22 mars 1654. Il fut enterré, suivant le désir qu'il en avait exprimé, dans le tombeau des cardinaux d'Amboise (voir p. 99.) En regard fut placée cette inscription :

IN
AMBASIORUM TUMULO
JACET
FRANCISCUS DE HARLAY
D^{NI} CARD. LEG. DE AMBASIA
EX SORORE PRONEPOS
ARCHIEP. ROTH. ANN. M. DC. XV.
DOCTRINA POTENS AC SERMONE
FIDEM SCRIPTIS
DISCIPLINAM LEGIBUS OPTIMIS
COMMUNIVIT.
ABDICATIS INFULIS OBIIT ANNO
M. DC. LIV.

TRADUCTION.

Dans le tombeau des d'Amboise gît François de Harlay, arrière-petit-neveu du cardinal d'Amboise, légat, par sa sœur, archevêque de Rouen en 1615. Puissant par sa doctrine et par son éloquence, il soutint la foi par ses écrits, la discipline par d'excellentes lois. Après avoir abdiqué les saints bandeaux, il mourut l'an 1654.

Le cœur et les entrailles de François de Harlay furent portés à Gaillon.

1655. **Bernard Le Pigny**, chanoine et archidiacre du Grand-Caux.

Inhumé dans la chapelle de la Vierge, sous la tombe des Nagerel.

1675. **Antoine Gaulde**, chantre et archidiacre.

Inhumé dans la même chapelle. On y voit encore sa pierre tumulaire. Elle est la troisième à partir du tombeau du cardinal d'Amboise.

1691. **François Rouxel de Medavy**, 87e archevêque.

Il passa, du siége de Séez, auquel il avait été nommé en 1651, à celui de Rouen. Il fut promu à ce dernier en 1671. Ce prélat, plein d'une pieuse modestie, voulut être enterré dans le bas de la nef de son église métropolitaine, et qu'on le couvrît d'une simple pierre. Il exigea également que ses obsèques eussent lieu sans aucune espèce de pompe.

1696. Alphonse de Chalon, chanoine.

Inhumé dans la chapelle Saint-Pierre Saint-Paul.

1703. Joseph de Y de Seraucourt, grand archidiacre.

Dans la chapelle de la Vierge. (Voir p. 148.)

1705. Bernard Le Pigny II, chanoine.

Inhumé dans la chapelle de la Vierge, sous la tombe des Nagerel. Il avait succédé à son oncle Bernard Le Pigny dans l'archidiaconé du Grand-Caux.

On lit sur la pierre tumulaire qui le recouvre : « Il fut admiré par la facilité de son « génie, la docilité de ses mœurs, joingts à « une sublimité d'éloquence, etc. »

La postérité ne s'est pas chargée de confirmer ce pompeux éloge.

1709. Champagne de Sericour, trésorier.

Inhumé dans la chapelle de la Vierge.

Il avait légué ses livres à la bibliothèque

de la Cathédrale, dans laquelle on voyait son portrait, avec cette inscription :

D. D. Claudius Champagne de Sericour, canonicus et thesaurarius eccles. Rothom. vicarius generalis et officialis hunc bibliothecam libris suis omnibus auxit, anno 1709.

D. Claude Champagne de Séricour, chanoine et trésorier de l'église de Rouen, vicaire-général et official, accrut cette bibliothèque par le don de tous ses livres, en l'année 1709.

1719. CLAUDE MAUR D'AUBIGNÉ, 89e archevêque.

Élu en 1708, décédé en avril 1719. Son corps fut placé dans la fosse des cardinaux d'Amboise.

L'inscription qu'on va lire fut placée contre la muraille, en regard du tombeau de Georges d'Amboise :

IN
SEPULCRO AMBASIANO
JACET
CLAUDIUS MAURUS DAUBIGNÉ
PRIMUM EPISC. NOVIOM.

PAR FRANCIÆ
ARCHIEP. ROTH. ANNO M. DCC. VII.
ZELO FERVENTI
LABORE INDEFESSO
BONORUM MEMORIA DIGNUS
OBIIT DIE XXI. APRILIS,
ANNO M. DCC. XIX.

TRADUCTION.

Dans le tombeau des d'Amboise gît Claude Maur d'Aubigné, d'abord évêque de Noyon, pair de France, archevêque de Rouen en 1707. Digne du souvenir des gens de bien par son zèle fervent et par son travail infatigable, il mourut le douzième jour d'avril l'an 1719.

1723. ANTOINE DUBOS DE MONBRISSON, chanoine.

Par testament olographe du 1er juin 1723, il demanda à être enterré dans la chapelle du Saint-Esprit, et qu'on y plaçât une pierre portant la donation qu'il faisait à la Cathédrale de tous ses biens.

1730. Dame GABRIELLE-ANGÉLIQUE DOMON.

Inhumée dans la chapelle Saint-Étienne de

la Tour-de-Beurre, devant l'autel. Son épitaphe était ainsi conçue :

Ces autels élevez par ses soins, les aumônes qu'elle a répanduës pendant sa vie, avec libéralité, dans le sein des pauvres, sont un garand fidèle que sa justice subsistera dans tous les siècles.

Obiit die 25. janv. 1730. æt. 86.
Hæc erat plena operibus bonis et eleemosinis quas faciebat.

Requiescat in pace.

1743. DENIS-CLAUDE LYARD, chanoine.

Par testament olographe du 17 février 1743, ce chanoine demanda à être enterré dans la Cathédrale, devant son confessionnal. Il légua ses livres à la bibliothèque de l'église.

1818. ÉTIENNE - HUBERT CAMBACÉRÈS, cardinal, 94e archevêque.

Dans la chapelle de la Vierge. (Voir p. 145.)

Tableau récapitulatif.

Inhumés dans la nef et les bas côtés. . . . . 39.
» dans le chœur et les bas côtés. . . . . . . 19.
» dans les transepts. . . . . 18.
» dans le sanctuaire . . . . 5.
» dans la chapelle de la Vierge. . . . . . . 40.
Sépultures incertaines. . . . . 19.
                                                                     140.

SUR CE NOMBRE, IL EN APPARTIENT :

Au Xe siècle. 3.
Au XIe. . . . . 2.
Au XIIe. . . . . 7.
Au XIIIe. . . . . 6.
Au XIVe. . . . . 9.
Au XVe. . . . . 33.
Au XVIe. . . . . 59.
Au XVIIe. . . . . 21.
Au XVIIIe. . . . . 5.
Au XIXe. . . . . 1.

ON Y COMPTE :

34 Laïques, dont 6 femmes, savoir :
- Rois. . . . . 3.
- Princes et Princesses. . . . 3.
- Ducs, Comtes et Seigneurs. 14.
- Simples Particuliers. . . . 14.

112 Ecclésiastiques, savoir :
- Cardinaux. . . . . 4.
- Archevêques. . . . . 18.
- Évêques. . . . . 1.
- Dignitaires de la Cathédrale 87.
- Prêtres. . . . . 2.

FIN.

TABLE

DES

Noms de Personnes.

A.

Alain Olivier, chanoine de Rouen, pages 179, 223.

Aliénor d'Aquitaine, mère de Richard-Cœur-de-Lion, 212.

Amboise I (Georges d'), cardinal, archevêque de Rouen, IV, VIII *note*, IX, XXI, 71—101, 235, 236, 237, 246, 256, 257, 258, 260.

Amboise II (Georges d'), cardinal, archevêque de Rouen, 81, 82, 83, 97, 98 *n.*, 101, 134 *n.*, 244.

Ambreville (Guillaume d'), chanoine de Rouen, 236.

Antoine, évêque d'Angoulême, 237.

Arnould, comte de Flandre, 28.

Auber (Guillaume), chancelier de la Cathédrale de Rouen, 227, 232.

Auber (Jean), chanoine de Rouen, 237.

Aubigné (Claude-Maur d'), archevêque de Rouen, 99, 260, 261.

Audouet (Philibert), sire de Courchan, 220.

Augustin (saint), xvi.

Aumale (Claude de Lorraine, duc d'), 111 *n*.

Aumale (la duchesse d'), 139.

Avitien (saint), archevêque de Rouen, xiv.

Aymery Guenaud, archevêque de Rouen, 216.

B.

Ballue (Adrien), chanoine de Rouen, 252.

Bapeaumes (Robert de), chanoine de Rouen, 237.

Barbazan, capitaine français, 177.

Barbier (Jean), *horoscope* de la Cathédrale de Rouen, 235.

Basset (Jean), chantre de la Cathédrale de Rouen, 222.

Baudribosc (Jean de), prêtre, 220.

Baudry (demoiselle), femme de Charles Gueroult, 253.

Beaunay (Jean de), 95.

Bec-Crépin (Jeanne du), femme de Pierre de Brézé et fille de Guillaume du Bec-Crépin, 59, 60, 61.

Becquet (Charles), chanoine de Rouen, 248.

Bede, écrivain anglais, xv.

BEDFORD (Jean, duc DE), prince anglais, VI, XXI, 153,
167, 168, 169, 170, 171, 220.

BENOIT DE PETERBOURG, chroniqueur anglais, 164 *n.*

BÉRENGER, archidiacre d'Angers, 186.

BERTRAND, évêque d'Agen, 163 *n.*

BETENCOURT (Jean DE), chanoine de Rouen, 239.

BIGOT (Lanfranc), sieur de Tibermenil, 254.

BIGUES (Jean, *dit* Saint-Desir), chanoine et archidiacre
de Rouen, 250.

BLANCHE DE CASTILLE, mère de saint Louis, 45.

BLANCHET, 176.

BLONDEL (Jean), chanoine de Rouen, 223.

BONTEMS (Pierre), sculpteur français, X.

BOUILLON (Robert Delamarck, duc DE), 111 *n.*, 137.

BOUILLON (la duchesse DE), 139.

BOURBON (le cardinal DE), roi de la Ligue, 245.

BOURBON (Catherine DE), femme de Jean II d'Estouteville, 228.

BOURDIGAL (Jacques DE), chanoine de Rouen, 254.

BOURGOGNE (le duc DE), 64.

BRANCAS (André DE), *voir* Villars.

BRÉZÉ (Jacques), fils de Pierre de Brézé, 59.

BRÉZÉ (Louis DE), grand sénéchal de Normandie, IV,
VIII, XI, XXI, 57, 106, 120, 239.

BRÉZÉ (Pierre DE), grand sénéchal de Normandie, IV,
VIII, 52, 223.

BRICE (Nicolas), chanoine de Rouen, 255.

Brompton, chroniqueur anglais, 157 n.
Bureau de la Rivière, 177.
Burnel (Étienne), chanoine de Rouen, 242.
Busquet (Jean), chanoine de Rouen, 243.

C.

Cambacérès, archi-chancelier de l'Empire, 99.
Cambacérès, cardinal, archevêque de Rouen, xiii, 99, 145, 146, 147, 262.
Cappel (Guillaume), prêtre, 235.
Carrel (Guillaume), chanoine de Rouen, 218, 229.
Castignolles (Jacques), chanoine de Rouen, 236.
Cecille, maître maçon de la Cathédrale de Rouen, 154.
Chaillou (Jean), sculpteur, 93, 94.
Chalançon (Hugues), chanoine de Rouen, 216.
Chalenges (Guillaume de), chanoine de Rouen, 240.
Chalon (Alphonse de), chanoine de Rouen, 259.
Charlemagne, empereur, xvi.
Charles-le-Simple, roi de France, 9, 13, 14, 29.
Charles V, roi de France, vi, xi, xxi, 133 n., 153, 172, 177, 218.
Charles VII, roi de France, 61, 62, 121 n., 180, 183.
Charles VIII, roi de France, 121 n., 238.
Charles-le-Mauvais, roi de Navarre, 195, 196, 197.
Charolois (le comte de), 66.
Chapuzot (Pierre), fondeur de Rouen, 184 n.

CHATELAIN DE SAINT-OMER (le), 163 n.
CHUFFES (Renaud), chanoine de Rouen, 234.
COMINES (Philippe DE), historien français, 52, 65.
CONSEIL (Jean), chanoine de Rouen, 242.
CONSTANTIN, empereur, 37 n.
COUSIN (Jean), statuaire et peintre français, x, 125.
CROISMARE (Pierre), chanoine de Rouen, 245.
CROISMARE (Robert DE), archevêque de Rouen, 100, 230, 231, 233, 245.

D.

DAMPIERRE (Hector DE), chanoine de Rouen, 250.
DANIEL (Romain), marguiller de la Cathédrale de Rouen, 249.
DAUBEUF (demoiselle), femme Caveron, 253.
DAVID, roi de Judée, 34 n.
DAWSON TURNER, archéologue anglais, 37, 38.
DE LASTRE (Jean), chanoine de Rouen, 234.
DELORME (Philibert), architecte français, x.
DEPPING, auteur de l'*Histoire des expéditions maritimes des Normands*, 5.
DESAUBAULX (Pierre), sculpteur de Rouen, 93, 94.
DESCHAMPS (Gilles), cardinal, 218, 219, 225, 226.
DESCHAMPS (Gilles), neveu du précédent, 225, 226.
DESERT (DU), chanoine de Rouen, 22.
DE VER (Louis), chanoine de Rouen, 255.

Diane de Poitiers, duchesse de Valentinois, IV, 57, 106, 110, 111, 122, 124, 136—139.

Dizy (Jean), 248.

Domon (Gabrielle-Angélique), 261.

Dorlienz (Jean), receveur général des aides en Normandie, 175.

Doublet (Olivier), 195, 196, 217.

Dubosc (Nicolas), chanoine de Rouen, 228.

Dubos de Monbrisson (Antoine), chanoine de Rouen, 261.

Dubuc (Jean), chanoine de Rouen, 232.

Ducarel, écrivain anglais, 173 n., 208.

Dudon de Saint-Quentin, historien normand, 12, 18, 28.

Duguesclin (Bertrand), connétable de France, 177.

Duhay (Richard), peintre de Rouen, 94, 95 n.

Dunois (le comte de), 61.

Duplessis (Toussaint), auteur de la *Description de la Haute-Normandie*, 144 n., 154, 173 n.

Duquesney (Robert), chanoine de Rouen, 229.

Durefort (Guillaume de), archevêque de Rouen, 39, 216.

E.

Escoulanc (Pierre), chanoine de Rouen, 229.

Estouteville (Guillaume d'), cardinal, archevêque de Rouen, 183, 184, 185, 187, 228, 237, 248, 256.

ESTOUTEVILLE (Jean D'), sire de Villebon, 185, 247.
ESTOUTEVILLE (Jean II d'), 228.
ESTOUTEVILLE (Jean III D'), 236.
ETIENNE DE SENS, archidiacre de Rouen, 189—191, 215.
EUDES, duc de Bourgogne, 163 *n*.
EVODE (saint), archevêque de Rouen, XIII.

F.

FARIN, auteur de l'*Histoire de la ville de Rouen*, 6, 55, 78, 170, 227.
FESCHAL (Léonard), peintre, 94, 95, 213, 254.
FLAMENT (André LE), sculpteur, 93, 94.
FLAVACOURT (Guillaume DE), archevêque de Rouen, 56, 215.
FLODOARD, historien français, 12, 28.
FOLIE (Gerard), chanoine de Rouen, 223.
FRANÇOIS II, roi de France, 247.
FRANÇOIS II, duc de Bretagne, 76.
FRANCON, archevêque de Rouen, 7, 9, 14.
FRÈRE (Edouard), libraire à Rouen, 129 *n*.

G.

GALLAND (Guillaume), chanoine de Rouen, 231.
GASTINEL (Denis), chanoine de Rouen, 180, 221.

GAULDE (Antoine), archidiacre de Rouen, 258.

GAUTIER DE COUTANCES, archevêque de Rouen, 42, 166, 212, 214, 216.

GEOFFROY PLANTAGENET, duc de Normandie, xxi, 153, 210.

GEOFFROY, archevêque de Rouen, 210.

GEOFFROY, comte de Conversane, 207.

GEORGES (saint), 85.

GILBERT, auteur de la *Description historique de Notre-Dame de Rouen*, 39.

GISÈLE, fille de Charles-le-Simple, 14.

GODARD (saint), archevêque de Rouen, xiv.

GODEFROY DE CAEN (Réné), 228.

GODEFROY (Robert), chanoine de Rouen, 232.

GOUJON (Jean), statuaire et architecte français, x, 84, 97, 98, 125, 126, 127 *n.*, 128, 129 *n.*

GRÉGOIRE DE TOURS, historien français, xiv.

GRÉGOIRE IX, pape, 43.

GROSSIER (Eustache), chanoine de Rouen, 239.

GUEROULT (Charles), sieur du Manoir, 253.

GUIFFROY RICHIER, maître maçon de la Cathédrale de Rouen, 177 *n.*

GUILLAUME-LONGUE-ÉPÉE, duc de Normandie, iv, xvii, 8, 9, 19—29, 203.

GUILLAUME-LE-CONQUÉRANT, roi d'Angleterre et duc de Normandie, 186.

GUILLAUME-BONNE-AME, archevêque de Rouen, 208, 209.

Guillaume, fils de Geoffroy-Plantagenet et de Mathilde, *dit* Longue-Épée, xxi, 153, 164, 165 *n.*, 210.
Guiscard (Roger), duc de la Pouille, 207.

H.

Harald, roi de Norwége, 13.
Harcourt (Jean de), 195, 196.
Harlay (François de), archevêque de Rouen, 99, 256, 257, 258.
Haro (Étienne), chanoine de Rouen, 236.
Hennequin de Liége, sculpteur, 175.
Henri, empereur d'Allemagne, 25.
Henri I, roi d'Angleterre, 155 *n.*
Henri II, roi d'Angleterre, xxi, 153, 155, 163 *n.*, 210, 212.
Henri IV, roi d'Angleterre, 167, 220.
Henri-le-Jeune, fils de Henri II roi d'Angleterre, vi, xi, xxi, 153, 158, 161, 162, 164 *n.*, 165, 168, 210.
Henri V, roi d'Angleterre, 153, 220.
Henri II, roi de France, 124, 138 *n.*
Henri III, roi de France, 250.
Henri IV, roi de France, 251.
Henri, comte de Warvic, 211, 212.
Hrolf, *voir* Rollon.
Hugues, prédicateur, 203.

18

Hugues II, archevêque de Rouen, 204.
Huireau, chanoine de Rouen, 22.

I.

Inguerran d'Étrépagny, archidiacre de Rouen, 151, 152, 214.

J.

Jean, roi de France, 195.
Jean II, de Bayeux, archevêque de Rouen, 205, 206.
Jean de Rouen, sculpteur, 93.
Jeanne de Bourbon, femme de Charles V roi de France, 177.
Jean-Sans-Terre, duc de Normandie et roi d'Angleterre, 165.
Jouglet (Jean), chanoine de Rouen, 229.
Jouvenet, peintre, 150 n.
Jules II de la Rovere, pape, 78 n.

K.

Knyghton (Henri de), chroniqueur anglais, 157 n.

L.

Labarate (Jean de), archidiacre du Petit-Caux, 243.
Lafontaine (Denis de), 248.

LAIGNEL (Mathieu), sculpteur de Rouen, 93, 94.
LANGLOIS (E.-H.), peintre, VIII, 128, 184 *n*.
LANGLOIS (mademoiselle Espérance), VIII.
LA PLACE (Pierre DE), 237.
LA ROCHEFOUCAULT (le cardinal DE), 146.
LA ROCHEFOUCAULT (Jean DE), comte de Randan, 246, 247.
LAROSE (Philippe DE), chanoine de Rouen, 226.
LE BRASSEUR (Charles), 192, 193, 194 *n.*, 254.
LE BRET (Michel), archidiacre du Vexin français, 245.
LEBRUN (Jean), prêtre de Rouen, 250.
LE CHARPENTIER (Guillaume), chanoine de Rouen, 237.
LE DÉFUBLÉ, *horoscope* de la Cathédrale de Rouen, 238.
LEFEBVRE (Guillaume), chanoine de Rouen, 221.
LEFRANÇOIS (Pierre), chanoine de Rouen, 227.
LEGRAS (Guillaume), doyen de la Cathédrale de Rouen, 241.
LE GOUPIL (Robert), chanoine de Rouen, 228.
LELIEUR (Jean), chanoine de Rouen, 241.
LE MAÇON (Jean), fondeur de Chartres, 198, 199, 233.
LE MAÇON (Richard), chanoine de Rouen, 233.
LE MESGISSIER (Martin), imprimeur de Rouen, 147 *n.*

Lenoir (Alexandre), ancien conservateur du Musée des Petits-Augustins à Paris, 125, 138 n.

Léon IV, empereur d'Orient, 38 n.

Léon IX, pape, 37 n.

Le Parmentier (Guillaume), 242.

Le Prevost (Auguste), membre de plusieurs Sociétés savantes, 48, 211.

Le Prevost (Jean), chanoine de Rouen, 256.

Leroux, *voir* Roullant Leroux.

Le Royer (Nicolas), chanoine de Rouen, 256.

Lescot (Pierre), architecte français, x.

Le Sueur (Robert), chanoine de Rouen, 224.

Leuvain (Guillaume), prêtre, 179, 225.

Leveneur (Jean), évêque de Lisieux, 135.

Linant (Florence), veuve de Charles Le Brasseur, 194 n.

Lobineau, auteur de *l'Histoire de Bretagne*, 76 n.

Lommet (Blanche), veuve Rollin, 232.

Louis d'Outremer, 29.

Louis (saint), roi de France, iv, 36, 158.

Louis XI, roi de France, 61, 67, 121 n., 170, 171.

Louis XII, roi de France, 121 n.

Louis XIII, roi de France, 256.

Lucius III, pape, 163 n.

Lyard (Denis-Claude), chanoine de Rouen, 262.

M.

MALLET (Jean), sire de Graville, 195, 196, 217.

MARC (Antoine), chantre de la Cathédrale de Rouen, 251.

MARGUERITE, reine d'Anjou, 63.

MARGUERITE, femme de Henri comte de Warvic, 211.

MARTIN, abbé de Jumiéges, 26.

MARTINBOS (DE), chancelier de la Cathédrale de Rouen, 253.

MASSELIN (Jean), doyen de la Cathédrale de Rouen, XXII, 233.

MASSELIN, neveu du précédent, 244.

MATHAN (DE), 135.

MATHIEU PARIS, chroniqueur anglais, 157 n.

MATHILDE (l'impératrice), fille de Henri I roi d'Angleterre, XXI.

MAUBUÉ (le sire DE), 195, 196, 217.

MAUGER (Richard), serviteur de Jean Conseil, 242.

MAURICE, archevêque de Rouen, IV, 33—49, 214.

MAURILE, archevêque de Rouen, VI, XIX, 7, 8, 24, 181, 183, 186, 187, 204, 205, 208.

MEDAVY (François Rouxel DE), archevêque de Rouen, 258.

MELLICOURT (Pierre DE), chanoine de Rouen, 238.

MELLON (saint), archevêque de Rouen, XIII.

MILNER (le docteur), 37.

Mirande (Fulvie de la), femme de Jean de la Rochefoucault, 247.

Monbrisson (de), *voir* Dubos.

Mondor (Philippe de), chanoine de Rouen, 243.

Monstrelet, historien, 64.

Montfaucon, bénédictin, auteur des *Monuments de la Monarchie françoise*, 158, 173 *n*.

Moynet (Louis), 95.

N.

Nagerel (Jean), chanoine de Rouen, auteur de la *Chronique*, 147 *n*., 248.

Nagerel (Robert), chanoine de Rouen, 244, 248.

Napoléon, prêtre italien, xii *n*.

Nicolas V, pape, 183.

P.

Pajot (Jean), chanoine de Rouen, 223.

Palissy (Bernard), artiste français, x.

Pennyer (Jean), chancelier de la Cathédrale de Rouen, 245.

Pepin, roi de France, xviii.

Perchart (Richard), chanoine de Rouen, 234.

Perier (Jean), maître maçon de la Cathédrale de Rouen, 176.

Philippe-Auguste, roi de France, 166.

PICARD (François), archidiacre du Grand-Caux, 233.
PIERRE DE ......, chanoine de Rouen, 187, 215.
PIGNY (Bernard LE), chanoine de Rouen, 258.
PIGNY (Bernard LE), neveu du précédent, 259.
PIGNY (Marin LE), idem, 254.
PILON (Germain), statuaire français, x.
PISCARD (Damien DE), chanoine de Rouen, 249.
POMMERAYE (Dom), auteur de l'*Histoire de l'Église cathédrale de Rouen*, 11, 55, 78, 111, 118 *n*., 122, 170, 171, 203.

Q.

QUESNEL (Nicolas), sculpteur de Rouen, 112 *n*., 127 *n*.

R.

RAIMOND V, comte de Toulouse, 163 *n*.
RAINFROY, archevêque de Rouen, XIII *n*.
REGNAULT (Barthélemy), chanoine de Rouen, 217.
REMI (saint), archevêque de Rouen, XIII *n*.
RESTOUT (Nicolle), chanoine de Rouen, 243.
RIAUX, membre de la Commission des Antiquités du département de la Seine-Inférieure, 119.
RICHARD I, duc de Normandie, XVIII, 205.
RICHARD II, duc de Normandie, 13 *n*.
RICHARD-CŒUR-DE-LION, roi d'Angleterre et duc de Normandie, VI, XXI, 153, 155—162, 164 *n*., 165, 212, 214.

RICHARD, fils d'Herluin, chanoine de Rouen, 204.

RIGAUT (Eudes), archevêque de Rouen, 42, 214, 217.

RIVIÈRE (DE LA), 127 n.

ROBERT II, duc de Normandie, 207.

ROLLON, duc de Normandie, IV, XI, XVII, 3—15, 203.

ROMAIN (saint), archevêque de Rouen, XIV, 86.

Ros (Jean), 220.

ROTROU, archevêque de Rouen, 211, 212.

ROULLANT LEROUX, architecte de Rouen, 91, 92 n., 105.

ROUSSEL (Guillaume), chanoine de Rouen, 226.

ROUSSEL (Pierre), trésorier du cardinal d'Amboise II, 95 n.

ROUSSEL (Raoul), archevêque de Rouen, 221, 222, 226.

ROVERE (Jules DE LA), *voir* JULES II.

S.

SAINTRAILLES, capitaine français, 61.

SALOMON, roi de Judée, 34 n.

SANDFORD, chronologiste anglais, 170 n.

SANDOUVILLE (Guillaume DE), chanoine de Rouen, 238.

SARRAZIN (Nicole), archidiacre du Vexin français, 152, 234.

SEBIRE (Jean), chanoine de Rouen, 230.

Sericour (Claude Champagne de), trésorier de la Cathédrale de Rouen, 259, 260.
Servais (saint), évêque de Tongres, xiv n.
Snorre, historien islandais, 13.
Surreau (Laurent), chanoine de Rouen, 224.
Sybille, femme de Robert II, duc de Normandie, 207, 208.

T.

Taillepied, agiographe normand, 197.
Tallebot (Pierre), père du suivant, 194 n.
Tallebot (Robert), 192, 193, 194 n., 254.
Tardivel (Michel), chanoine de Rouen, 244.
Théodulphe, évêque d'Orléans, xviii n.
Therouyn (Renaud), sculpteur, 93, 94.
Thibaut, archevêque de Rouen, 43.
Thomas (saint), archevêque de Cantorbéry, 212.
Thorel (Jean), chanoine, et conseiller au parlement de Rouen, 246.
Tulles (Guillaume), chanoine de Rouen, 239.
Turgis (Jacques), 192, 193, 194 n., 254.
Turgis (Jean), père du précédent, 194 n.

V.

Valence (Pierre), architecte et sculpteur de Tours, 91.
Valentinois (duchesse de), *voir* Diane de Poitiers.
Viard (Philippot), sculpteur en bois de Rouen, 184 n.

Villars (André Brancas de), 251, 252.
Vital (Orderic), historien anglo-normand, 8, 12, 24, 205, 207.
Vituli ou Veel (Roger), dignitaire de la Cathédrale de Rouen, 231.

W.

Wace (Robert), poète normand, 11.
Warvic (Henri, comte de), 211.

Y.

Y de Seraucourt (Joseph de), grand archidiacre de Rouen, 148—150, 259.

TABLE DES MATIÈRES.

	Pages.
Avant-propos.	
Tombeau de Rollon.	3
» de Guillaume-Longue-Épée.	19
» de l'archevêque Maurice.	33
» de Pierre de Brézé.	53
» de Georges d'Amboise.	71
» de Louis de Brézé.	105
Tombes et Inscriptions diverses.	143
Liste des principaux personnages inhumés dans la Cathédrale de Rouen.	203
Table des noms de personnes.	265

IMPRIMÉ
CHEZ NICÉTAS PERIAUX,
RUE DE LA VICOMTÉ, N° 55.
A ROUEN.

Placement des Gravures.

La Planche Ire en regard du grand titre.
    »   II en regard de la page   4
    »   III   »   »   21
    »   IV   »   »   35
    »   V   »   »   55
    »   VI   »   »   72
    »   VII   »   »   83
    »   VIII   »   »   107
    »   IX   »   »   160
    »   X   »   »   188

www.ingramcontent.com/pod-product-compliance
Lightning Source LLC
Chambersburg PA
CBHW070530160426
43199CB00014B/2237